Matthias Hero

Die (persönliche) Leichtigkeit des Seins

Der etwas andere Weg zum Glück

Bibliografische Information der Deutschen Nationalbibliothek:
Die Deutsche Nationalbibliothek verzeichnet diese Publikation in der Deutschen Nationalbibliografie; detaillierte bibliografische Daten sind im Internet über http://dnb.dnb.de abrufbar.

TWENTYSIX – Der Self-Publishing-Verlag
Eine Kooperation zwischen der Verlagsgruppe Random House und BoD – Books on Demand

Herstellung und Verlag:
BoD – Books on Demand, Norderstedt

ISBN: 978-3-740-70852-8

Inhalt

Vorwort 6

Urvertrauen 9

Liebe dich selbst 19

Aktion = Reaktion 26

Das innere Kind 34

Kopf oder Bauch? 42

Die richtige Frequenz 49

Leichtigkeit in allen Lebenslagen..... 57

Zufall 71

Loslassen...................................... 78

Potenzial 86

Nein 92

Die praktische Umsetzung............ 100

Danksagung................................. 109

Vorwort

Liebe Leserin, lieber Leser,

es freut mich sehr, dass Sie sich für dieses Buch entschieden haben und damit beginnen, die ersten Zeilen daraus zu lesen. Warum? Weil es Ihre ersten Schritte zu mehr Zufriedenheit, Glück, Vertrauen und Wohlgefühl werden können. Das Beste daran ist die Tatsache, dass niemand außer Ihnen selbst das bestimmt. Man kann also sagen, Sie haben es „in der eigenen Hand".

Ich selbst war immer wieder auf der Suche, nach DEM EINEN Buch, das für mich am besten alle Antworten auf meine Fragen bereithält. In der Vergangenheit habe ich viele interessante Dinge gelesen, das meiste davon hat mich auch jeweils ein Stück weiterentwickelt und ist, wenn auch nur unterbewusst, hier mit eingeflossen. Als ich dieses Buch geschrieben habe, ist mir etwas ganz Wesentliches aufgefallen: Ich habe und hatte bereits immer die Antworten auf all meine Fragen, nur war ich nicht immer dazu in der Lage, mir diese selbst zu geben. Dies ist kein auf Wissenschaften, Forschungen oder Begriffsdefinitionen basierendes Buch, es ist ein

Schatz aus all den Erfahrungen, die ich in meinem Leben bis dato machen durfte, und es soll alle relevanten Themen vereinen. Ich verwende ganz bewusst nicht die Formulierung „machen musste", denn ich habe gelernt, dass alle Eindrücke für mich spätestens mit ein bisschen Abstand als Geschenk betrachtet werden konnten.

Ich wünsche Ihnen von Herzen, dass auch Sie spätestens beim Lesen der letzten Zeilen dieses Buches ebenso denken und fühlen können. Lassen Sie sich auf dieses Buch ein, es kann auch Ihnen den Weg zur „Leichtigkeit des Seins" ebnen.

Urvertrauen

Der Weg hin zur Leichtigkeit ist ebenso facettenreich wie das Leben. Auch hier stehen wir täglich vor der Herausforderung, nach links oder rechts zu gehen. Ob eine Entscheidung in einem Moment die richtige war, stellt sich oft erst viel später heraus. Das zumindest glauben viele Menschen.

Eine der wichtigsten Eigenschaften, die jeder Mensch besitzt, ist Vertrauen. Nicht nur das Vertrauen anderen gegenüber, vor allem das zu sich selbst. Lassen Sie uns einmal weit zurückblicken. Jedes neugeborene Kind besitzt dieses sogenannte Urvertrauen.

Es wertet nicht, stellt keine „Was wäre wenn"- Überlegungen an und ist einfach glücklich und zufrieden, dass es auf dieser wunderbaren Welt SEIN darf und kann. Jedes Baby regelt alle natürlichen Bedürfnisse auf seine ganz eigene Art und Weise. Es kann zwar nicht sprechen, aber doch sehr deutlich machen, ob gerade etwas zu essen recht wäre, der Bauch ein paar Streicheleinheiten nötig hat oder es einfach an der Zeit ist, eine frische Windel einzufordern. Natürlich wird von den Eltern in jeder dieser Situationen prompt Abhilfe geschaffen und das Baby muss sich kein einziges Mal den Kopf darüber zerbrechen, ob denn jetzt alles gut geht bzw. verstanden wird.

Urvertrauen ist etwas, das jeder von Geburt an geschenkt bekommen hat. Daher besteht auch immer die Möglichkeit, aus diesem wunderbaren Zustand heraus zu agieren. Wann hatten Sie das letzte Mal, vielleicht auch nur ansatzweise, dieses ureigene und tolle Gefühl?

Wie wäre es, wenn Sie genau wüssten, dass ihre Bedürfnisse und Entscheidungen gar nicht falsch sein können? Wer entscheidet denn über richtig oder falsch? Niemand, außer Ihnen selbst! Heutzutage leben wir größtenteils in einer Gesellschaft, die von einer hohen Erwartungshaltung geprägt ist. Im Beruf, in der Beziehung, ja sogar in unserer Freizeit. Erwartungen sind nicht selten mit Druck verbunden. Manchmal verspüren wir ihn von anderen, viel öfter aber noch erlegen wir ihn uns selbst auf.

Jetzt gibt es sicherlich den einen oder anderen, der der Meinung ist, dass ein gewisser Druck nicht schaden würde. So kommt man doch schließlich am besten voran. Ein sehr beliebter Ausdruck in diesem Zusammenhang ist auch der Begriff „positiver Druck". Nun mal ganz ehrlich... Druck ist Druck, unabhängig davon, ob positiv oder negativ. So bleibt unsere „Leichtigkeit" auf der Strecke. Wir nutzen unsere Energie ja scheinbar lieber, um zu sehen, wie wir mit dem Druck umgehen können.

Sie merken also, es gibt Faktoren, die uns davon abhalten, bei uns selbst zu sein - oder anders ausgedrückt: in unserer Mitte! Immer wenn wir uns im sogenannten „Außen" befinden, haben wir gar nicht die Möglichkeit, so zu handeln, wie es ursprünglich möglich oder richtig wäre. Oft hat dies auch damit zu tun, dass wir verlernt haben, auf uns selbst zu vertrauen.

Zu gerne legen wir unser ICH in andere Hände und vertrauen lieber darauf, was uns von anderen als Vorgehensweise geraten wird. Wer bitte kennt Sie besser als Sie sich selbst? Die Eltern, Ihre Kinder, Kollegen oder doch Ihr Lebenspartner?

Keiner von all denen, denn Sie sind einzigartig und Sie allein wissen wirklich, welche Fähigkeiten und Talente in Ihnen schlummern oder schon mehr oder weniger regelmäßig bewusster Bestandteil Ihres Lebens sind.

Manchmal ist es die Angst vor der eigenen Courage, die uns lieber wieder einen Schritt nach hinten, anstatt nach vorne gehen lässt. Vertrauen Sie auf sich und denken Sie nicht darüber nach, was passieren könnte, wenn Sie nun dies oder jenes tun. Das schlimmste, was passieren kann, ist: eine neue Erfahrung hinzuzugewinnen.

Neue Erfahrungen sind etwas Tolles und bringen Sie langfristig immer weiter, vorausgesetzt, Sie wollen das auch... Weiterkommen.

Ich persönlich kenne niemanden, der sagt: „Ein Schritt zurück ist super, Stillstand ist toll"! Das mag aber mehrere Gründe haben. Zum einen ziehe ich durch meine Art oder Ausstrahlung solche Menschen nicht an, zum anderen würde es der „Leichtigkeit des Seins" komplett widersprechen. Lassen Sie uns noch einmal auf das Baby oder Kleinkind zurückkommen.

Ein Kind in so jungem Alter macht sich keine Gedanken, ob Dinge leicht oder schwer, richtig oder falsch, sicher oder gefährlich sind. Wie oft fällt ein Kind hin, bis es laufen kann? Es ist egal wie oft, da es für das Kind das Normalste auf der Welt ist, es so oft zu versuchen, bis es laufen kann. Erkennen Sie denn Unterschied? Es hat dieses Urvertrau-en in sich selbst und das ist zugleich die Basis für Entwicklung. Obwohl das nun so klar und einfach ist, stellt sich die Frage, was uns dazu bewegt, diesen ureigenen Instinkt über die Jahre zu verlieren. Meist geschieht es durch die Menschen, die es ja „nur gut" mit uns meinen. Sie weisen uns auf Gefahren hin, die wir vorher gar nicht kannten.

Erst mit der Zeit manifestiert sich der Gedanke, dass (Ur)Vertrauen ja auch falsch sein kann. Gelangen wir erst einmal ins Grübeln oder beginnen abzuwägen, ist es auch schon vorbei mit der Leichtigkeit. Nahezu in jeder Lebenslage werden wir damit konfrontiert, was denn alles passieren könnte.

Vor kurzem wurde im Radio wieder über die neuesten Erkenntnisse der aktuellen „Angststudie" berichtet. Ist es nicht eigentlich „krank", ein Ranking über dieses Thema zu erstellen und dadurch weiter dafür zu sorgen, dass aus dem ehemaligen selbstverständlichen Zustand des Vertrauens auf einmal Ängste und Misstrauen entstehen? Durch so eine Studie wird bewusst dafür gesorgt, dass Menschen mit einem Gefahrenpotenzial konfrontiert werden, obwohl deren Welt vorher noch völlig in Ordnung war. Ich habe einmal folgenden Satz gehört: „Wenn du eine helfende Hand suchst, dann schau an das untere Ende deines Armes".

Wie wahr. Eigenverantwortung auch in schwierigen Situationen zu übernehmen heißt, Vertrauen sich selbst gegenüber zu zeigen. Wir haben es oft wortwörtlich „in der eigenen Hand"! Natürlich ist es der einfachere Weg, Dinge in fremde Hände zu legen, somit ist das Ganze auch außerhalb unseres Verantwortungsbereiches. Und wenn es dann schief gegangen ist, wussten wir das ohnehin schon vorher.

Einer der wichtigsten Punkte, um auf der Reise zur „Leichtigkeit des Seins" voranzukommen, ist: die Entscheidung dafür zu treffen. Um Dinge zu verändern, müssen Sie sich verändern! Wenn Sie alles genauso machen wie bisher, was wird passieren? Nichts, aber das garantiert. Vielleicht zuckt jetzt der eine oder andere und denkt, dass da schon etwas Wahres dran ist. Sollte es Ihnen gerade so gehen, machen Sie bitte eines nicht: überlegen, ob es schwierig sein könnte, einen neuen Weg einzuschlagen.

Was hindert Sie daran, Vertrauen in sich selbst zu fassen? Möglicherweise schlechte Erfahrungen? Wie oft haben Sie schon Aussagen wie die folgenden gehört: „Das schaffst du doch ohnehin nicht", „So kann das doch gar nicht funktionieren", „Dafür bist du nicht geschaffen", „Hier bestimme immer noch ich, was für dich gut ist".

Hallo?

Wie kann jemand anderes wissen, was für Sie gut ist? Lassen Sie uns diese oder ähnliche Aussagen für den Moment vergessen, sie sind ohnehin nicht förderlich. Erfahrungen dieser Art haben wir in der Vergangenheit ohnehin alle gemacht und wahrscheinlich nicht zu wenige davon... Ich glaube aber nicht, dass das ein Hinderungsgrund oder etwas, hinter dem man sich verstecken sollte, ist.

Jeder neue Weg beginnt mit dem ersten Schritt, aber wenn Sie diesen nicht tun, ist die Reise schon zu Ende, bevor sie überhaupt begonnen hat. Das wäre sehr schade, es kann dann aber immerhin in die Kategorie „eine weitere verpasste Gelegenheit" eingeordnet werden. Ich möchte Ihnen eine „kleine Entscheidungshilfe" für den Weg zu sich und der damit verbunden „Leichtigkeit des Seins" geben. Bevor ich begonnen habe, dieses Buch zu verfassen, habe ich nie darüber nachgedacht, ob ich das kann. Ich TUE es einfach!

Warum?

Zum einen habe ich das Urvertrauen und weiß, dass es ein tolles Buch wird. Zum anderen bin ich der festen Überzeugung, dass es genau für Sie eine vielleicht noch ungeahnte Möglichkeit sein kann, sich selbst und Ihr Leben absolut positiv zu verändern! Wenn es also so etwas wie ein Motiv für mich gibt, dann ist es mein Wunsch, dass so viele andere Menschen wie möglich in dieses tolle Gefühl der „Leichtigkeit des Seins" hineinwachsen und es dauerhaft erleben können!

Fangen Sie am besten gleich damit an, legen Sie Vertrauen in Ihr Tun und es wird nach und nach zu einer Selbstverständlichkeit. Lassen Sie sich überraschen, was dadurch passiert. Eine positive und in sich vertrauende Ausstrahlung kann nicht anders, als genau das Gleiche anzuziehen.

Es funktioniert natürlich auch anders herum und würde den gegenteiligen Effekt erzeugen. Somit wäre das wieder ein Schritt in die falsche Richtung, da es zwangsläufig zu einer Minderung des Urvertrauens führte. Von welchem Winkel aus man die Sache auch betrachtet, der Wille zur positiven Veränderung muss da sein. In diesem Zusammenhang fällt mir eine oft gehörte Redewendung ein: „Wenn du denkst es geht nicht mehr, kommt von irgendwo ein Lichtlein her". Es stimmt tatsächlich. Wie oft hatten Sie für sich schon den Gedanken, dass Sie „am Ende" sind und nichts und niemand Ihnen helfen kann? Egal wie häufig das der Fall war, Sie sind immer noch am Leben und lesen gerade diese Zeilen. Mit sehr hoher Wahrscheinlichkeit haben diese schwierigen Situationen Sie sogar stärker als zuvor gemacht.

Wir können und sollten stets das Vertrauen zum Leben haben. Es passieren so viele gute Dinge, leider bekommen wir diese oft gar nicht mit. Nehmen wir einmal an, Sie haben sich in den Finger geschnitten. Nach drei oder vier Tagen ist davon nahezu nichts mehr zu sehen. Ist das nicht grandios? Der Körper übernimmt einfach so die Heilung des Schnittes, dem wir ihm zugefügt haben, und er will noch nicht einmal eine Entschuldigung für die Verletzung oder auch ein Dankeschön dafür, dass er sie eben mal repariert hat.

Mit diesem letzten Beispiel wollte ich Ihnen aufzeigen, dass Sie ausnahmslos auf die eigene Stärke bauen können. Wir machen vielleicht nicht immer alles richtig, das hat aber nichts damit zu tun, dass Sie dennoch sowohl sich selbst als auch anderen Menschen dieses tolle Gefühl des Urvertrauens entgegenbringen sollten.

Hier verhält es sich wie mit der Liebe: Je mehr Sie davon verteilen, umso reicher werden Sie im Gegenzug beschenkt.

Liebe dich selbst

In diesen drei Worten verbirgt sich eine der wichtigsten Grundvoraussetzungen, um die „Leichtigkeit des Seins" zu erlangen.

Wenn Sie sich nicht selbst lieben, wie und wo wollen Sie Menschen begegnen, die Ihnen dieses Gefühl entgegenbringen? Wir alle haben das Bedürfnis, geliebt zu werden, jedoch vergessen wir viel zu häufig, bei uns selbst damit anzufangen. Sich selbst zu lieben heißt, sich anzunehmen - und zwar mit allen Stärken und Schwächen.

Jeder Mensch ist auf seine ganz eigene Art und Weise absolut liebenswert! Führen Sie sich doch einmal all Ihre guten und tollen Eigenschaften vor Augen, vielleicht sind Sie sogar ziemlich überrascht darüber, welche Menge das in der Summe ergibt. Lieben Sie sich, für all die schönen Momente, die Ihnen und dadurch auch anderen widerfahren sind. Leider ist es für viele Menschen heutzutage normal, dass der Alltag von Kampf und beschwerlichen Dingen bestimmt wird. Die Arbeit sowie die „privaten Baustellen" allen voran. Stellen Sie sich vor, was dafür an Kraft, Energie und Leichtigkeit verloren geht! Was geben Ihnen die Gespräche mit Menschen, die wenig Positives, dafür aber Unzufriedenheit und Schwere ausstrahlen? Mit Sicherheit nicht das, was Sie sich wünschen, es sei denn, Sie stehen auf Schmerz oder fühlen sich zum Märtyrer berufen...

Warum nun aber ist es so schwer dafür zu sorgen, dass es einem selbst gut geht? Hierfür kann es viele Gründe geben. Einer davon ist sicherlich die Angst vor dem eigenen Wagemut. Es bedarf wie bei allen Dingen einer Entscheidung. Wenn ich etwas Positives vor Augen habe, sollte diese jedoch nicht so schwer fallen, oder?

Gerade wenn es um das Thema „Liebe" geht, wäre bzw. ist es mir persönlich total egal, was andere darüber denken. Wer glücklich sein will, muss in aller erster Linie dafür sorgen, dass es ihm oder ihr selbst gut geht! Nein, das hat nichts mit Egoismus zu tun, sondern einzig und allein damit, für sein eigenes Leben Verantwortung zu übernehmen.

Sie haben jederzeit die Möglichkeit, sich selbst etwas Gutes zu tun. Ist das nicht fantastisch? Es wird nicht darüber entschieden, ob es Ihnen gerade oder in welchen Momenten auch immer gut gehen „darf", Sie legen das für sich und damit verbunden auch für Ihre Wirkung nach außen fest. Daher sollten Sie sich folgende Frage beantworten:

„Welches sind die schöneren Gefühle"?

Zufriedenheit, persönliches Glück, Liebe und Leichtigkeit oder eher Unzufriedenheit, Trägheit sowie Leere. Natürlich ist die Beantwortung eher hypothetisch und rational gesehen ist jedem bewusst, dass er die angenehmen Dinge bevorzugt. Somit ist meine Aufforderung an Sie ganz klar: Lassen Sie sich darauf ein, die schönen Dinge anzuziehen. Lieben Sie den Menschen, der Sie sind, und ziehen Sie dadurch solche an, die das ebenfalls tun.

Menschen, die für sich die Entscheidung getroffen haben, dass ihre ganz eigene Definition von „normal" toll ist und nicht wie es so oft von anderen vorgelebt wird, kräfteraubend und beschwerlich. Nicht die Gesellschaft gibt oder sollte die Regeln vorgeben, sondern jeder Einzelne von uns für sich selbst. Und in letzter Konsequenz entsteht dadurch die Gesellschaft. Vermutlich ist das dann eine, die nicht davon lebt, anderen Menschen Dinge zu diktieren, sondern Harmonie und Liebe als Basis ansieht. Kann so etwas funktionieren? Natürlich, wenn ganz viele Menschen das für sich beschließen. Es ist nicht mein Ziel, Ihnen die Welt rosarot aufzumalen, aber es ist mein Wunsch, Sie zu ermutigen, Ihren Teil zur „Leichtigkeit des Seins" beizutragen. Probieren Sie es doch einfach einmal aus. Verändern Sie nur für eine Woche Ihre Gewohnheiten, setzen Sie voraus, dass Sie der Steuermann für das eigene Leben sind und nicht derjenige, der eine „Mitfahrgelegenheit" sucht.

Bereits auf die einfachsten Fragen werden erstaunliche Reaktionen folgen. Antworten Sie beispielsweise auf ein „Wie geht es dir?" mit „Super, mir geht es total gut". Schon das wird viele Bekannte, Freunde oder Kollegen „irritieren". Wenn Sie das dann noch von innen heraus, mit Liebe und Ausstrahlung tun, macht das Ganze erst richtig Spaß.

Spielen Sie niemandem etwas vor, gönnen Sie sich von Herzen dieses Gefühl. Und wer weiß, sind Sie erst einmal in diesem anderen und tollen Modus, wollen Sie vielleicht nach dieser „Probezeit" gar nicht mehr raus. Nahezu unser ganzes Leben wird von Ritualen geprägt. So geht das von morgens bis abends. Wir stehen meist um die gleiche Uhrzeit auf, haben über die Morgenhygiene, Frühstück usw. stets einen automatisierten Plan und ärgern uns dann vielleicht noch, wenn auf dem Firmenparkplatz jemand genau da steht, wo wir doch normalerweise zu parken pflegen. Und schon ist sie weg die Liebe, unabhängig davon ob zu uns selbst oder zu anderen.

So schnell lassen sich viele also aus dem Tritt bringen. „Das sind doch nur Peanuts", mag jetzt der eine oder andere sagen bzw. denken. Genau das ist aber das Entscheidende. „Kleinigkeiten" hinterlassen deutlich mehr Spuren als ein oder zwei größere Dinge, die für uns interessanterweise einfacher zu regeln sind. Warum aber ist das so? Im Normalfall sind wir darauf fokussiert, die großen Steine aus dem Weg zu räumen, denn diese blockieren uns im Weitergehen. All die kleinen Dinge sind entweder „leichter" zu umgehen oder aber nicht so signifikant, als dass wir uns mit ihnen beschäftigen müssten.

Dies ist für den Moment eher unkritisch, jedoch summieren sie sich mit der Zeit zu etwas Gewaltigem. Im Vergleich zu dem eben genannten großen Stein ist es in der Folge nicht mehr so einfach, alles auf einen Schlag „wegzuräumen" - und hier schließt sich der Kreis. Ich behaupte, dass sich die meisten Menschen selbst mögen bzw. Liebe empfinden. Auf der anderen Seite kommt aber eine gewisse Trägheit hinzu, schließlich muss sich jeder um „so viele Dinge" kümmern. Somit ergibt sich auf einmal die Perspektive, dass gewisse Sachen auch warten können.

Fällt Ihnen etwas auf? In diesen Situationen beginnen wir damit, Verantwortung abzugeben. Wir schauen nicht mehr auf uns selbst, lehnen Aufmerksamkeit und Liebe ab. Niemand erfährt gerne Ablehnung und ohne dass es uns wirklich klar ist, fangen wir oft bei uns selbst an und projizieren sie auf unsere Mitmenschen.

Das geschieht meist gar nicht bewusst, ab und an werden wir aber sogar darauf angesprochen. „Warum schaust du denn so böse?" oder „Wo bist du denn mit deinen Gedanken?" sind nur zwei Beispiele dafür. Generell schaut niemand „einfach so" böse, weil der Mensch vom Gemüt her nicht darauf ausgelegt ist.

Mit den Gedanken „wo anders" zu sein bedeutet, nicht bei SICH zu sein und schließlich zu weit entfernt von der eigenen Mitte.

Ich möchte gerne zum Abschluss dieses Kapitels noch ein Beispiel aus dem beruflichen Alltag anführen. Wenn Sie nach einem stressigen und intensiven Arbeitstag abends nach

Hause kommen, haben Sie sich dann schon einmal die Frage gestellt, warum Sie an einem Tag kaputt oder energielos sind, interessanterweise aber an dem darauf folgenden Tag, nach gleichem erledigten Pensum, so eine innere Zufriedenheit verspüren?

Das liegt daran, dass es Ihnen an jenem Tag gelungen ist, alle zu erledigenden Dinge mit viel Freude und Liebe zu tun. Sie haben sich selbst und allen Personen, die dem direkten Arbeitsumfeld angehören, etwas Positives gegeben UND es zurückbekommen. Da es aber nicht immer so einfach ist, jedem Menschen mit Freude oder Liebe zu begegnen, habe ich einen Tipp der, wenn Sie es ernst meinen, hundertprozentig funktioniert.

Suchen Sie sich bei Ihrem Gegenüber nur eine Eigenschaft heraus, die Sie aus vollem sowie ehrlichem Herzen toll finden, und fokussieren Sie sich darauf. Sie werden erstaunt sein, was sich an Ihrem Gefühl verändert...

Aktion = Reaktion

Ein altes Sprichwort besagt: „Wie man in den Wald hinein ruft, so kommt es zurück". In meiner Kindheit und Jugend habe ich das oft gehört, wahrscheinlich wie wir alle. Meine Eltern wollten mir damit wohl sagen, dass ich mir meiner Wirkung bewusst sein solle und ich logischerweise auch „nur" das zurückbekäme, was ich aussende.

Mittlerweile ist das für mich viel verständlicher als früher und ich stelle erfreut fest, dass es perfekt in meine Leichtigkeit passt. Alles was wir tun, zieht eine Reaktion nach sich, ob wir das wollen oder nicht...

Im Optimalfall ernten wir durch unser Tun, die Art und Weise wie wir miteinander umgehen, Freude und Anerkennung. Natürlich wird uns, bedingt durch die „Aktion", auch oft einmal Unverständnis entgegengebracht. Gerade in diesem Kapitel spielt das **Bewusstsein** eine tragende und entscheidende Rolle. Dinge bewusst zu tun, ist das Eine. Wenn ich also ganz klar weiß, was ich sage oder tue, ist das Resultat planbar. Ganz oft hört man in diesem Zusammenhang auch den Ausspruch „rational gesehen".

Nahezu alles, was über die Ratio abgedeckt wird, ist also erklärbar. Dies hat den Vorteil, dass wir uns **bewusst** so verhalten können, dass in der Folge etwas Positives passiert.

Vieles findet jedoch **unbewusst** statt und wird aus dem **Unterbewusstsein** heraus gesteuert. Das wiederum ist nicht gerade wenig, wenn man bedenkt, dass 80 bis 90 Prozent unserer Verhaltensweisen dadurch zum Ausdruck gebracht werden.

Nun mögen Sie zu Recht anmerken, dass wir demzufolge häufig gar keinen Einfluss auf eine Vielzahl unserer Handlungen haben. Stimmt soweit auch. Allerdings verhält es sich hier genauso wie bei fast allen Dingen im Leben:

Es ist eine Sache der Perspektive.

Meine ist folgende: Wenn ich etwas mache oder sage, bei dem ich im Nachhinein feststelle, dass ich das nicht bin oder so nicht sein möchte, schaffe ich mir ein BEWUSST-SEIN für diese Situation. Ich hole diese nicht gewünschte Eigenschaft quasi aus den Tiefen meines Unterbewusstseins hervor, um zukünftig in diesen oder ähnlichen Momenten so zu agieren, dass sich mein Umfeld und ich wohlfühlen.

Klingt Ihnen das zu einfach?

Das könnte sein, aber beginnen Sie doch damit, es sich zuzugestehen, dass nicht alles im Leben schwer sein muss. Ja, auch hierzu gibt es genügend Zitate wie „ohne Fleiß kein Preis", „man muss sich alles hart erarbeiten" oder „von nichts kommt nichts".

Aber wer sagt denn, dass alles mit Schweiß und einer enormen Energieleistung verbunden sein muss? Im Englischen sagt man: „Keep it simple"! Das ist es, was wir tun sollten. Alles so einfach wie möglich halten!

Wenn Sie diesen Grundsatz berücksichtigen, kann nichts passieren. Sie bringen bereits alles dafür mit, was Sie brauchen (siehe vorherige und noch folgende Kapitel). Dennoch gilt: Übung macht den Meister. Es ist keine Schande, wenn etwas nicht sofort funktioniert. Ganz im Gegenteil, die daraus resultierenden Erfahrungen sind von enormem Wert! ☺

Damit möchte ich den ersten Teil zum Thema „Unbewusstes" abschließen. Im nun folgenden zweiten Teil geht es darum, wie Ihr Unterbewusstsein durch Aktionen verändert werden kann und sich Automatismen in positiver Art und Weise dort verankern.

Am Anfang ist es vielleicht noch ungewohnt, sich mit dem eigenen Unterbewusstsein zu beschäftigen. Allerdings werden Sie irgendwann gar nicht mehr darüber nachdenken, was bewusst oder unbewusst passiert ist, sondern agieren einzig und allein aus der „Leichtigkeit des Seins" heraus.

Machen Sie es sich zur Gewohnheit, im wahrsten Sinne des Wortes mit offenen Augen durch die Welt zu gehen. Offenheit und der Blick für das Wesentliche, das Schöne, schaffen ein neues Bewusstsein und manifestieren diese neugewonnenen und positiven Eindrücke im Unterbewusstsein.

Alles, was wir wahrnehmen, wird sozusagen abgespeichert und je nach persönlichem Befinden automatisch abgerufen. Ganz wichtig dabei ist, dass Sie eine Entscheidung auf folgende Frage treffen:

„Was möchte ich sehen"?

Diese vier Wörter sind absolut richtungsweisend, wenn es um eine Aktion sowie einer damit verbundenen Reaktion geht. Ich weiß, dass es sich lohnt, die Dinge zu sehen, die das eigene Leben bereichern. Aber was ist das genau? Dies sollten Sie unbedingt für sich selbst herausfinden, es bestimmt niemand außer Ihnen!

Ihr subjektives Empfinden, die Wahrnehmung und das, was für Sie ein Wohlgefühl erzeugt, ist der Schlüssel zu persönlichem Glück und Zufriedenheit. Werden Sie sich darüber bewusst, was SIE wirklich wollen, und nicht, was vielleicht von Ihnen erwartet wird…

Drehen Sie den Spieß einfach um und definieren eine positive Erwartungshaltung sich selbst gegenüber! Von dieser Warte aus sind Sie nämlich in der Aktion, anstatt nur zu reagieren. Wie oft haben Sie sich schon gedacht, dass man dies oder jenes anders bzw. besser hätte machen können, und dann war es doch wieder nichts? Bestimmt schon unzählige Male, Das Gute daran aber ist, dass Sie ja mittlerweile wissen, was Sie nicht mehr haben möchten ☺

Beste Voraussetzungen also, um nun damit zu beginnen, alte Muster aufzulösen und zu verändern. Der Mensch ist ein „Gewohnheitstier", das liegt in der Natur der Sache, und er tut immer nur das, was er in der Regel immer tut. Alles andere wäre ja mit Aufwand, Energie oder einer Veränderung verbunden und davor haben viele einfach Angst. Es könnte ja alles noch schlimmer kommen, als es ohnehin schon ist...

Da Sie aber gerade dieses Buch lesen, signalisieren Sie damit auch die Bereitschaft, alternative Wege zu gehen und über diesen sprichwörtlichen Tellerrand hinauszublicken. Packen wir es also gemeinsam an.

Rufen Sie sich nun bitte eine Situation ins Gedächtnis, die Sie in der Vergangenheit nicht zur eigenen Zufriedenheit gelöst haben, und stellen Sie sich vor, was Sie hier lieber getan hätten. Wie fühlt es sich an, wenn Sie das nun mit der neuen Herangehensweise bzw. einem anderen Bewusstsein tun?

Geht es Ihnen, zumindest gedanklich, mit dem Ergebnis besser oder erzeugt das Resultat gar ein Wohlgefühl? Sollte dem so sein, ist das die beste Voraussetzung für alles, was in dieser Hinsicht zukünftig kommen wird.

Wenn dem aber nicht so ist, überlegen Sie bitte noch einmal, ob Sie in diesem Punkt wirklich Dinge verändern möchten, es zwingt Sie ja niemand, dies zu tun.

Ich möchte aber von einer positiven Denkweise ausgehen und setze voraus, dass Ihr Wille zu einer bewussten Aktion vorhanden ist. Somit bietet sich bestimmt bald die Möglichkeit, das Ganze nicht nur theoretisch, sondern auch praktisch umzusetzen.

Gelegenheiten zum Üben gibt es genug. Zum Abschluss des letzten Kapitels bin ich schon einmal darauf eingegangen, wie es möglich ist, sich im beruflichen Umfeld andere Situationen zu schaffen. Natürlich funktioniert das auch in Ihrer Freizeit oder einer Partnerschaft.

Machen Sie sich nicht immer so viele Gedanken, über dies, das oder jenes. Es kostet nur unnötig Energie und Sie agieren nicht mehr aus der Leichtigkeit heraus, da Ihre Gedankenspiele schon alles verkompliziert haben. Angenommen, Sie möchten eine Straße überqueren: Stellen Sie zuvor mathematische Berechnungen an, ob es möglich ist, unter Berücksichtigung des Verkehr auf die andere Seite zu kommen?

Nein, Sie tun es einfach, weil es so selbstverständlich ist, dass man gar nicht auf die

Idee kommt, es zu hinterfragen. Gleiches gilt für das Autofahren. Niemand überlegt mehr, ob es an der Zeit ist, in den nächsten Gang zu schalten. Gut, einige sollten das vielleicht tun, aber Sie wissen schon, was ich meine ☺

Das waren jetzt nur zwei von unzähligen Beispielen und zeigt ganz klar, dass wir dem Unterbewusstsein uneingeschränkt vertrauen können. Optimalerweise führen wir uns immer wieder vor Augen, dass es jederzeit machbar ist, Situationen bewusst zu verändern. Früher oder später entwickelt sich daraus eine Routine, die wiederum zu einem automatisierten Handeln führt. Das war´s.

Nicht mehr oder weniger braucht es, um gewünschte Reaktionen als festen Bestandteil im Leben zu verankern. Und denken Sie daran, keiner außer Ihnen bestimmt die Aktion! Sie dürfen sich auf die Schulter klopfen, wenn Positives daraus resultiert, sollten sich aber nicht bemitleiden, wenn es einmal in die „falsche Richtung" gelaufen ist, der Impuls kam so oder so von Ihnen.

Das innere Kind

„Dürfte oder könnte ich doch noch einmal Kind sein". Diesen Wunsch hegen viele Menschen und sehnen sich zugleich nach schönen Momenten von früher.

Die Kindheit, diese unbeschwerte Zeit, ist einem in gewissen Situationen immer wieder präsent. Alles war so einfach, man war befreit und durfte viele tolle Sachen machen oder entdecken. Zwar mussten wir uns auch als Kinder an gewisse Spielregeln halten, dennoch war das im Vergleich zu heute ja kaum der Rede wert, zumal wir uns dadurch schon früh in Kreativität üben konnten. ☺

Seit damals ist eine Menge passiert. Wir sind um Tausende von Eindrücken reicher und haben erlebt, dass es doch noch ein paar Menschen mehr als unsere Eltern gibt, die gewisse Regeln vorgeben. Im Kindergarten war oder wurde uns das vielleicht noch nicht so bewusst, spätestens aber in der Schule hat dann auch das Kind fortgeschrittenen Alters verstanden, dass nicht immer alles so „easy" ist, vom beruflichen Werdegang ganz zu schweigen. Natürlich könnte ich diese

Aufzählung der einzelnen Stationen noch beliebig weiterführen. Es würde aber an der eigentlichen Frage nichts ändern und die lautet:

„Wo ist unser inneres Kind geblieben"?

Der Teil von uns, der stets voller Urvertrauen war, ausgestattet mit Tatendrang, und der von innen heraus gestrahlt hat?

Ich weiß nicht, wie Ihre Antwort darauf ausfällt. Meine Meinung dazu ist, dass wir im Laufe der Jahre verlernt haben, Kind zu sein. Das hat weniger damit etwas zu tun, „sich kindisch zu verhalten". Es geht vielmehr darum, sich wichtige Eigenschaften zu bewahren. Im Laufe unseres Lebens wurde uns meist gesagt, was und wie wir es zu tun haben.

Dabei auf der Strecke geblieben ist das Ursprüngliche. Die Dinge, die wir aus dem tiefsten Inneren heraus normalerweise getan hätten, spielten plötzlich eine untergeordnete Rolle, da es nach unserem neu erlernten subjektiven Empfindens vielleicht unangebracht war, diese zu äußern.

Die Rolle, die wir in der Gesellschaft mittlerweile einnehmen, ist selten eine von uns gewünschte (Ausnahmen bestätigen die Regel). Auch die Erwartungshaltung, die an uns gerichtet wird, ist ständig gestiegen. Das ist zwar für die heutige Zeit eine ganz normale Entwicklung, lässt uns aber dennoch oft einfach nur „funktionieren". Schließlich soll nach außen hin ein gutes Bild abgegeben werden.

Verstehen Sie mich nicht falsch, natürlich ist es wichtig, dass gewisse Grundstrukturen gegeben sind. Gerade im beruflichen Umfeld wäre das oft ein großes Tohuwabohu, wenn jeder und jede voller Freude und ausgelassen durch das Büro oder die Produktionshalle hüpfte ☺

Was ich für wichtig halte, ist eine Kombination aus beidem. Auf der einen Seite sollte jeder ein Bewusstsein für seinen Job, die Aufgabe als solches haben. Andererseits bietet sich auch immer die Gelegenheit, Eigenschaften unterzumischen, die aus einer normalen, alltäglichen Situation eine besondere machen.

Vielleicht lieben Sie nicht täglich das, was Sie tun, wenn Sie aber dahin kommen, dass es nicht mehr die guten Tage sind, die eine Ausnahme bilden, sondern die „schlechten", dann haben Sie es geschafft. Ihr Fokus hat sich so verändert, dass „das Gute" normal ist und nur ab und an von einem nicht so tollen Tag ergänzt wird. Anders herum wäre es kontraproduktiv.

Alles, was Sie sich aufbürden, müssen Sie mit sich herumtragen. Zuviel Ballast bedeutet Schwere, die wiederum bringt uns ein weiteres Stück von der gewünschten Leichtigkeit weg. Arbeiten müssen wir sowieso, mir persönlich gefällt der Weg des angenehmen besser! Schließen Sie es nicht aus, bei all den Dingen, die Sie tun, Spaß haben zu können bzw. zu dürfen. Die Aufgabe wird dadurch zwar nicht geringer, allerdings um ein vielfaches schöner. Ihre Ausstrahlung verändert sich ins Positive und dadurch auch das Ergebnis.

Wann haben Sie sich das letzte Mal so richtig gefreut? Denken Sie einmal an früher zurück, als Sie selbst noch Kind waren und dieses ganz besondere Funkeln in den Augen hatten, wenn die Eltern am Weihnachtsabend zur Bescherung gerufen haben.

Was war das für ein Gefühl, als die Glocke klingelte und die Spannung ins unermessliche stieg, wie wohl der Weihnachtsbaum geschmückt sein und welch tolle Geschenke sich darunter verbergen mögen. Das war doch Freude pur und hat uns erfüllt. Gut, irgendwann war dann auch mir bewusst, dass es das Christkind in dem Zusammenhang, wie ich das damals dachte, nicht gibt, allerdings erinnere ich mich gerne an diese Jahre zurück. Das Beispiel in Bezug auf Weihnachten sollte Ihnen auch nur stellvertretend als eines von vielen aufzeigen, dass wir dieses innere Kind schon und noch immer in uns tragen.

Nun verbinden wir normalerweise damit Eigenschaften wie Ungezwungenheit, sich ausprobieren, herumtollen oder auch stets behütet sein. Allerdings haben wir auch schmerzhafte Erfahrungen gemacht und diese begleiten uns teilweise bis in die Gegenwart.

Viele sogenannte Muster sind auf die Kindheit zurückzuführen und erzeugen nicht unbedingt ein Wohlgefühl. Im Gegenteil, sie blockieren uns und sorgen dafür, dass wir gar nicht das Bedürfnis haben, Kind zu sein bzw. das Kind in uns mit all seinen Ängsten anzunehmen. Da ich kein Psychologe bin und ebenso keinen fachlichen Hintergrund zu dieser Thematik habe, kann ich mich nur auf Erfahrungen stützen. Vielleicht helfen Ihnen diese aber, sich mit den Gefühlen auseinanderzusetzen und einen Weg zu finden, der sich gut und gangbar anfühlt. Es gibt sicherlich immer mehrere Möglichkeiten, wie man mit Dingen aus der Vergangenheit umgehen kann. Die einen sagen: „Lass sie doch dort, sie kommen eh nie wieder". Das stimmt, das drückt das Wort „vergangen" auch aus und ich gehe mit dieser Sichtweise zum Teil durchaus konform. Allerdings geht es auch darum, Gefühle aus der Vergangenheit nicht einfach nur wegzuschieben bzw. zu ignorieren.

Daher ist es eine weitere Option, sich mit diesem Gefühl, welches gerade präsent ist, zu beschäftigen. Vor allem, wenn es immer wiederkehrend ist, macht das auch Sinn. Spüren Sie in so einem Fall in sich hinein, woher kommt dies und was löst es in Ihnen aus?

Auch Meditationen können in diesem Fall sehr hilfreich sein, da Sie hier die Möglichkeit haben, etwaige Konflikte zu lösen. Verdrängen ist wohl die schlechteste aller Varianten, da Sie dadurch weder lernen können, damit umzugehen, noch dafür sorgen, dass eine Situation positiv verändert werden kann.

Es ist egal, welchen der vorgeschlagenen Pfade Sie wählen, jenen der Verdrängung möchte ich einmal außen vor lassen. Wichtig ist, dass Sie eine Entscheidung treffen. Versuchen Sie nicht zu werten, es gibt kein „richtig oder falsch", sondern nur den Weg, der sich gut anfühlt. Wenn Sie ein Mensch sind, der Vergangenes als solches sehen kann, Gratulation! Bevorzugen Sie die Option, sich mit einem gegenwärtigen Gefühl auseinanderzusetzen, herzlichen Glückwunsch!

Was immer Sie tun, schaffen Sie sich Situationen, mit und in denen es Ihnen gut geht. Es kann natürlich sein, dass viele Tränen fließen, bevor es so weit ist. Das können Sie aber sehr positiv sehen, da Altes verabschiedet sowie Körper und Geist gereinigt werden.

Sie haben dadurch Platz für Neues geschaffen! Es bringt nichts, zwanghaft etwas so zu verändern, dass das eine flaue Gefühl weg ist, das nächste aber bereits geschaffen wurde. Agieren Sie aus der Perspektive heraus, dass die Veränderung einen persönlichen Erfolg mit sich bringt.

Fühlt sich Ihr inneres Kind wohl, überträgt sich das in gleicher Weise auf Sie selbst. Für Eltern ist es ja auch das Schönste, wenn es ihrem Kind gut geht. Mein Wunsch an dieser Stelle ist es, dass Sie zukünftig in dieser Hinsicht gut für sich und „ihr Kind" sorgen.

Geben Sie den schönen Gefühlen in diesem Zusammenhang eine positive Resonanz und verändern Sie unangenehme Dinge in einer Art und Weise, die passend zu dem von Ihnen eingeschlagenen Weg ist.

Kopf oder Bauch?

O der doch besser eine Kombination aus beidem? Dies ist wahrscheinlich eines der meistdiskutierten Themen überhaupt. Was ist besser, ist es schlimm, nur eine der Eigenschaften zu verfolgen, und was passiert, wenn eine vielleicht schon getroffene Entscheidung durch den Bauch in den Kopf wandert? Fragen über Fragen…

Lassen Sie mich mit einer beruflichen Situation beginnen. In Vorstellungsgesprächen habe ich dem mir gegenüber sitzenden Bewerber regelmäßig gefragt, ob er denn ein Kopf- oder Bauchmensch sei. Egal wie die Antwort auch ausfiel, hinterfragte ich das mit einem „warum?". Das hat nichts mit Psychologie, sondern reinem Interesse zu tun. Was glauben Sie, welche Reaktion diese Nachfrage meist hervorrief?

Die vor ein paar Sekunden aus voller Überzeugung getroffene Antwort wackelte. In der Regel versuchte mein Gegenüber nun, seine Aussage zu begründen oder auch zu rechtfertigen, und wirkte etwas angespannt. Dabei wollte ich einfach nur und ohne Wertung wissen, wie mein potenzieller neuer Mitarbeiter in dieser Hinsicht denkt. Meine Erfahrung zeigt mir, dass es zahlreiche Bauchmenschen gibt, ganz viele davon beim ersten Hinterfragen jedoch auf eine rationale Ebene wechseln.

Das bedeutet, der Kopf wird hinzugezogen, um sicherheitshalber Plan B auszupacken. Das interessante dabei ist, dass Plan A noch gar nicht vollendet war…

Natürlich schwingt in Vorstellungsgesprächen immer eine gewisse Anspannung mit. Allerdings findet man so ein Verhalten auch im privaten Bereich oder in alltäglichen Situationen. Sie spüren die Antwort bereits in sich selbst, beginnen jedoch im nächsten Moment gleich damit, dies mit dem Verstand zu überdenken bzw. zu revidieren. Anhand dieses Beispiels will ich aufzeigen, dass wir uns sehr oft nicht sicher sind, ob es denn gut oder schlecht sei, welchen Typ wir in dieser Hinsicht verkörpern. Vorab die gute Nachricht für Sie: Das eine ist nicht wertiger als das andere. Es fühlt sich sozusagen nur anders an, und das im wahrsten Sinne des Wortes.

Der Kopfmensch trifft seine Entscheidungen nach teils gründlicher Überlegung, das gibt oft auch Sicherheit, weil man ja an alles gedacht hat.

Der Bauchmensch hingegen agiert aus der Intuition heraus, er vertraut seinem Gefühl. Ab und an spricht man dabei auch von einer Entscheidung, die aus dem Herzen heraus getroffen wurde. Sicherlich kennen viele von Ihnen das hauptsächlich aus dem privaten Bereich. Dort hört man öfter Sätze wie: „Mein Herz sagt mir, dass…", oder „es war mir eine Herzensangelegenheit".

Auf sein Bauchgefühl zu hören, hat vor allem mit (Ur)vertrauen (siehe Kapitel 1) zu tun. Ist es aber nun sinnvoll, immer nur aus dem Bauch heraus Entscheidungen zu treffen, oder doch besser, den Kopf mit hinzuzuziehen oder gar rein rational zu handeln?

Es ist situationsbedingt. Wenn jemand beispielsweise beruflich viel mit Zahlen und Statistiken arbeiten muss, macht es natürlich keinen Sinn, einfach mal so ein spontanes Gefühl in eine Schätzung umzuwandeln. Geht es aber um Dinge, die „eher unkritisch" sind, spricht nichts dagegen, seiner Intuition freien Lauf zu lassen.

Sie fragen sich bestimmt, welcher Mensch ich in dieser Hinsicht bin.

Ich verrate es Ihnen und das ist jetzt sicherlich keine Überraschung: Ich bin ein Bauchmensch und das durch und durch. Nichts hat mir in meinem Leben mehr geholfen, als mein inneres Gefühl! Dafür bin ich sehr dankbar, weil ich mir selbst auch immer wieder das Vertrauen geschenkt habe, sämtliche Entscheidungen auf diese Art und Weise treffen zu können. Natürlich habe ich auch schon das ein oder andere Mal danebengelegen, dennoch ist die „Trefferquote" sehr hoch ☺

Ich möchte Ihnen nicht auf diktieren, dass Sie zwingend ein Bauchmensch sein sollten, aber ausprobieren würde ich es an Ihrer Stelle schon. Erst dann wissen Sie auch, was Sie vielleicht verpassen. Ganz zu schweigen davon, dass es für die persönliche Leichtigkeit nicht gerade unwichtig ist. Und glauben Sie mir, es ist definitiv leichter, aus dem Bauch heraus zu agieren, als es in der Folge mit dem Kopf zu verkomplizieren.

Es gibt auch hier einen schönen Spruch: „Der Kopf denkt, der Bauch lenkt". Da ist viel Wahres dran, Sie müssen nur für sich wissen, ob die Bereitschaft, an das Lenkrad zu greifen, Ihrer Wunschvorstellung entspricht. Den Weg selbst zu bestimmen, die Richtung vorzugeben, ist doch viel besser, als nur darauf zu warten, wo es wohl hingeht. Sollten Sie sich vielleicht noch nicht trauen, Ihren Bauch sprechen zu lassen, gehen Sie die Sache doch langsam an. Hören Sie bei der nächsten Gelegenheit in sich hinein und entscheiden ad hoc. Darüber nachdenken können Sie danach immer noch. Viel wichtiger ist jedoch, wie es sich anfühlt. Schwingt noch ein Stück Unsicherheit mit, weil Sie gerade Neuland betreten haben, oder verspüren Sie gar ein positives Grundgefühl?

Dann nutzen Sie die Gunst der Stunde und bauen darauf auf. Möglicherweise ist Ihnen der Gedanke auch schon des Öfteren durch den Kopf gegangen, wie es wäre, stärker intuitiv zu agieren. Wenn Sie nach der „Leichtigkeit des Seins" streben, sollte auch das Treffen von Entscheidungen so einfach und entspannt wie möglich sein.

Wird es schwer und kompliziert, sind Sie nicht mehr wirklich bei sich selbst. Im sogenannten Außen konzentrieren Sie sich in der Folge auf alles Mögliche, allerdings nicht mehr auf den Kern der Sache. Er sollte aber die Basis für Ihr Handeln und Tun bilden. Entziehen Sie sich nicht selbst die Grundlage, in dem Angst oder unnötige Gedanken ein machtloses Wesen aus Ihnen machen. Was ist denn das Schlimmste, das Ihnen bei einer vermeintlich falsch getroffenen Entscheidung passieren kann?

Ich sag´s Ihnen. Nichts.

Es gibt ja kein richtig oder falsch, vorausgesetzt sie werten nicht. Mit der „Leichtigkeit des Seins" ist es ein wenig wie bei Pippi Langstrumpf. „Mach dir deine Welt, wie sie dir gefällt". Und das funktioniert super, wenn man den Dreh einmal raus hat. Es bieten sich täglich so viele Möglichkeiten um herauszufinden, wie die eigene Welt denn sein soll. Das hat nichts mit Träumerei oder Ähnlichem zu tun, sondern einzig und allein damit, welchen Fokus SIE für sich selbst setzen.

Tauchen Sie ein in eine Ihnen bis dato vielleicht noch nicht so vertraute Art und Weise, mit Dingen und Entscheidungen umzugehen, es kann und wird Ihr Leben bereichern. „Funktionierende" Menschen kennen Sie mit Sicherheit eine ganze Menge, ich kann mir aber nicht vorstellen, dass das für Sie die Erfüllung ist... einfach zu funktionieren.

Vereinen Sie Herz (Bauch) und Verstand (Kopf) und werden dadurch eins mit sich selbst. Ja, Sie lesen richtig, es geht nicht darum, fortan nur noch aus dem Bauch heraus zu entscheiden, sondern ebenso mit dem Kopf zu ergänzen. Lassen Sie den eigentlichen Impuls, das Gefühl, zu und vervollständigen ihn, wann immer es für Sie so sein soll, mit dem Verstand.

Mit diesem Vorgehen erhalten Sie sich immer die Chance, eine Situation aktiv zu gestalten und tolle Dinge kennenzulernen, die Ihnen bis dato noch nicht ersichtlich waren. Vielleicht kennen Sie die Aussage „Am besten sieht man mit dem Herzen". Das ist absolut aussagekräftig. Ihr Inneres sieht alles so, wie es tatsächlich ist, fügt nichts hinzu und lässt nichts weg. Sollten Sie einmal gefragt werden, ob Sie ein Kopf- oder ein Bauchmensch sind, schmunzeln Sie entweder darüber oder genießen einfach nur die neue Sichtweise, die ab nun hoffentlich ein fester Bestandteil Ihres Lebens wird. Machen Sie sich in dieser Hinsicht die Welt, wie Sie IHNEN gefällt!

Die richtige Frequenz

Sicherlich haben Sie schon einmal etwas vom sogenannten „Sender-Empfänger-Prinzip" gehört. Das besagt, dass beide Seiten das gleiche Codierungs- / Decodierungssystem benutzen müssen, wenn beim Empfänger das ankommen soll, was Sie ausdrücken wollten.

Auf die „Leichtigkeit des Seins" bezogen ist es auch sehr wichtig, dass Sie auf der „richtigen Frequenz" senden und empfangen. Nehmen wir einmal Gefühle wie Angst, Scham oder Unsicherheit. Wenn Sie diese Schwingungen aussenden, was denken Sie, passiert dann?

Richtig, Sie ziehen eben genau solche Menschen an. Jene, die ängstlich und ohne viel Selbstbewusstsein ausgestattet sind.

Natürlich können Sie auch auf einer anderen Frequenz senden, z. B. einer, die Liebe, Freude, Dankbarkeit oder Harmonie transportiert. Die logische und erfreuliche Konsequenz daraus ist, dass Sie unweigerlich positive Menschen und entsprechende Situationen in Ihr Leben rufen. Nun haben wir ab und an einmal die persönliche Situation, dass uns gerade nicht nach Liebe und Harmonie ist, sondern eher nach Frustabbau oder Ähnlichem. Wie gelingt es uns jetzt, die Frequenz zu verändern?

Installieren Sie „kleine Helfer", die Ihnen in solchen Situationen nützlich sein können. Kleben Sie beispielsweise an Ihre Wohnungstüre einen Zettel mit folgender Aufschrift:

„Auf welcher Frequenz möchte ich heute senden?"

Das schafft ein Bewusstsein für die Ist-Situation und gibt Ihnen automatisch die Gelegenheit, diese positiv zu verändern. Vorteilhaft an dieser Stelle ist es, den Zettel am Inneren der Türe zu befestigen, außen können es nur alle anderen lesen und Sie im besten Fall darauf ansprechen… Wobei, das hätte auch etwas und sie könnten gleich üben.

Natürlich muss es nicht der klassische Zettel an der Türe sein. In unserer heutigen modernen Welt haben Sie bspw. auch die Möglichkeit, sich mehrmals täglich von Ihrem Smartphone oder anderen Gerätschaften erinnern zu lassen, ob es möglicherweise gerade wieder an der Zeit für eine Überprüfung der Frequenz ist.

Sollten Sie dabei feststellen, dass eine Veränderung sinnvoll wäre, aber trotzdem nicht in der Lage sein, diese umzusetzen, ist Ihnen in diesem Moment eine potenzielle „Opferrolle" scheinbar wichtiger als der positive Spirit. Wenn Sie so eine Situation haben, hören Sie einfach in sich hinein.

Woher kommt dieses Gefühl? Bauen Sie eventuell einen Schutz auf oder was veranlasst Sie dazu, die Veränderung nicht vornehmen zu wollen? Generell deckt dieses „Sender-Empfänger-Prinzip" jeden Bereich Ihres Lebens ab und es schlägt gnadenlos zu. Wenn Sie sich beispielsweise Gesundheit wünschen, sollten Sie genau das aussenden. Ansonsten müssen Sie sich nicht wundern, wenn die Aussage „ich glaube, ich werde krank" genau dazu führt.

Ebenso verhält es sich beim Thema Geld. Hätten Sie gerne mehr davon? Dann schicken Sie diesen Wunsch auf die Reise, eher suboptimal ist das Ergebnis, wenn der Schwerpunkt gleichzeitig darauf liegt, wie Sie denn finanziell gesehen über den aktuellen Monat kommen sollen. Wollen Sie Glück anziehen, ist die schlechteste Voraussetzung dafür, sich zu beklagen und über unglücklich gelaufene Dinge zu philosophieren.

Sie sehen also, die richtige Frequenz ist für alles verantwortlich, im Positiven wie im Negativen. Oft spricht man in diesem Zusammenhang auch über die Kraft der Gedanken. Ihr Inneres und Ihre Gedanken sind kraftvoller, als Sie sich das wahrscheinlich vorstellen können. Das Gute daran ist aber, dass Sie bestimmen, wie Sie diese Kraft einsetzen wollen. Das gibt Ihnen Macht und eröffnet unzählige Möglichkeiten, von jetzt auf gleich Situationen angenehmer zu gestalten.

Oft werde ich darauf angesprochen, dass ich nach außen hin stets wie die Ruhe selbst wirke. „Super, es funktioniert", ziehe ich daraus meine Erkenntnis.

Genau das ist die Frequenz, auf der ich vom Grundsatz her gerne senden will. Ich möchte bei mir sein, so nah es nur irgendwie möglich ist, mich in meiner Mitte befinden.

So kann ich aus diesem Zustand heraus Entscheidungen treffen und gelange nicht in einen reaktiven Modus, in dem ich mir überlegen muss, was nun die beste Reaktion auf eine von anderen geschaffene Situation sein könnte. Wobei „die anderen" auch nur Perspektiven generieren, die ich durch mein Tun selbst erschaffen habe… Sie wissen ja mittlerweile: das „Sender-Empfänger-Prinzip" kann nur funktionieren, wenn beide Seiten das gleiche Codierungs- / Decodierungssystem anwenden.

Bei dieser Gelegenheit kann ich mich noch an einen gut gemeinten Ratschlag von früher erinnern:

„Was du nicht willst, das man dir tut, das füg auch keinem anderen zu", haben mir nahestehende Menschen immer mal wieder mit auf den Weg gegeben. Mittlerweile ist das für mich nicht mehr nur eine Floskel, sondern in Bezug auf das Leben geradezu unabdingbar.

Es bedeutet also, dass wir selbst dafür Sorge tragen sollten, dass es uns gut geht. Wir haben die Macht, uns eine Frequenz zu schaffen, die uns in jeder Lebenssituation die Freiheit gibt, positiv zu denken bzw. zu handeln. Niemand muss sich mehr hinter schweren Dingen verstecken, es sei denn, er hat kein wirkliches Interesse daran, dass es ihm besser geht.

Dieses Phänomen erlebe ich tatsächlich immer wieder. Selbst wenn die Möglichkeit zur Trendwende gegeben ist, möchten das einige einfach nicht annehmen. Sie können mit einer Änderung des Zustandes nichts anfangen, haben eventuell Angst, dass sie mit ihrer bis dato geliebten, negativen Grundhaltung, weniger präsent sein könnten.

Unglaublich, aber wahr.

Lieber mit negativer Einstellung im Mittelpunkt stehen können, als mit einer positiven Veränderung aus subjektiver Sicht eher uninteressant zu sein. So lautet das Credo dieser Menschen und das ist wirklich sehr schade.

Was könnten wir uns nicht alle für ein harmonisches Miteinander und wirkliches Sein schaffen. Gut, es ist ja sozusagen alles auf freiwilliger Basis und niemand wird zu seinem Glück gezwungen.

Ich kann Ihnen aber folgenden Tipp geben. Je früher Sie damit beginnen, Ihre Frequenz positiv zu verändern, desto länger haben Sie auch etwas davon. Wie oft haben wir alle schon Äußerungen wie diese gehört:

„Hätte ich doch nur früher schon dies oder jenes gemacht".

Sie wissen ja: „Hätte, Wenn und Aber" zählt nichts. Das sind auch alles Wörter, die dem

Konjunktiv zuzuordnen sind, also der Möglichkeitsform.

Nur zu wissen, dass es möglich wäre, reicht nicht. Tun Sie es doch einfach! ☺

Wenn Sie das nicht möchten, haben Sie aber auch eine Entscheidung getroffen und zwar die, dass Ihre Frequenz nicht zwingend positiv sein soll oder muss.

Dann ist es in diesem Moment auch für Sie rein persönlich richtig, da Ihre Wahl wahrscheinlich bewusst darauf gefallen ist.

Für alle unter Ihnen, die gerne Positives aussenden möchten, habe ich nachfolgend noch einige Tipps:

Treffen Sie zu allererst eine Grundsatzentscheidung. Wo wollen Sie hin, was möchten Sie empfangen. Erst wenn Sie das für sich festgelegt haben, können Sie mit dem Senden beginnen.

- Übung macht den Meister. Wenn Sie etwas machen, das Ihnen bis dato fremd war, braucht es Nachhaltigkeit.

- Seien Sie nachsichtig mit sich selbst, wenn nicht alles sofort gelingt.

- Denken Sie an die „kleinen Helfer", die Ihnen jederzeit das Bewusstsein für die richtige Frequenz schaffen kön- nen, und nutzen sie diese.

- Haben Sie Vertrauen in sich selbst, nur dann wird es Ihnen gelingen.

Nun haben Sie alles in der eigenen Hand. Ich wünsche Ihnen von Herzen, dass Sie die richtige Frequenz finden. Genießen Sie die neuen und tollen Momente, die Ihnen dadurch wiederfahren werden.

Leichtigkeit in allen Lebenslagen

Wer hätte sie nicht gerne: In allen Lebenslagen das passende Verhalten oder die richtige Antwort. Aber wie funktioniert das am besten und vor allem für SIE persönlich?

Ich möchte den Begriff „Lebenslagen" gerne in zwei Hauptkategorien unterteilen. Zum einen in den privaten, zum anderen in den beruflichen Bereich. Lassen Sie uns mit letzterem beginnen. Die Arbeit ist unser tägliches Brot, damit verdienen wir Geld, das wiederum bietet die Möglichkeit, unser Leben zu finanzieren. Haben Sie Ihren Traumjob schon gefunden?

Arbeiten Sie in dem Beruf, der Sie erfüllt, und würden Sie auch morgen dort hingehen, wenn es kein Geld dafür geben würde?

Nein? Dann haben Sie sich für die falsche Stelle entschieden. Ob ich das ernst meine? Natürlich! Warum tun Sie etwas, das Sie im Grunde genommen nicht befriedigt? Es mag vielleicht etwas primitiv klingen, wenn ich Sie frage, ob Sie auch ohne einen einzigen Cent

Lohn oder Gehalt das tun würden, was gerade Ihre berufliche Tätigkeit ist.

Wenn Sie aber bedenken, dass Sie die meiste Zeit des Tages dort verbringen, wäre es doch sicher nicht verkehrt, etwas zu tun, was Sie nicht nur ausfüllt, sondern vor allem auch erfüllt. Stellen Sie sich doch einmal folgende Frage:

„Liebe ich wirklich, was ich tue"?

Wenn Sie dies mit einem „Ja" beantworten können, haben Sie alles richtig gemacht und ich beglückwünsche Sie zu dieser hervorragenden Entscheidung. Sollte dem aber nicht so sein, haben Sie nun die Möglichkeit, diesen Zustand zu verändern.

Das bedeutet nicht zwangsläufig, dass Sie sich eine neue Arbeitsstelle suchen müssen, vielleicht ist es bereits ausreichend, die Perspektive zu verändern. Wenn Sie bis dato überwiegend missmutig oder ohne große Freude Ihre täglichen Aufgaben betrachtet haben, versuchen Sie es doch einmal mit der gegensätzlichen Herangehensweise.

Demzufolge wechseln Sie von der Schwere in die Leichtigkeit und das ist der Zustand, aus dem Sie im Optimalfall stets agieren sollten. „Ich brauche jemanden, der mich unterstützt, mir fehlt die Motivation", habe ich schon öfter einmal gehört. In diesem Wort steckt der Begriff „Motiv". Daraus können Sie ableiten, dass es sinnvoll wäre, ein Ziel zu haben.

Das Gute daran ist, dass Sie sich ein Bewusstsein schaffen, was und warum Sie etwas tun. Wenn Ihnen das klar ist, wird vieles anders, im wahrsten Sinne des Wortes „leichter". Im vorherigen Kapitel ging es darum, die richtige Frequenz zu bestimmen.

Das funktioniert in der Arbeitswelt besonders gut, da die Eindrücke, die Sie dort sammeln, meist sehr vielfältig und oft auch intensiv sind. In diesen Momenten haben Sie stets die Möglichkeit, sich bewusst für eine positive Herangehensweise zu entscheiden. Versuchen Sie das einmal zumindest einen ganzen Tag lang.

Seien Sie frohen Mutes sowie mit wirklicher Freude bei dem, was Ihnen an diesem Tag begegnet, und vergleichen Sie am Abend beim Verlassen der Firma oder zuhause das Gefühl mit dem, welches Sie bisher stets hatten. Es wird ein unglaublich gutes sein, garantiert. Auch wenn Sie mehr als acht Stunden gearbeitet und einen intensiven Tag hatten, zahlt es sich aus. Nein, im ersten Schritt nicht finanziell, aber das wird irgendwann die logische Folge davon sein, wenn Sie lieben, was Sie tun!

Beruf kommt von Berufung. Wenn Sie sich zu etwas berufen fühlen, ist das genau das, was Sie schon immer machen wollten. Ich bin mir sicher, dass Sie wissen, wie sich das anfühlt. Es klappt vielleicht schon bei anderen Dingen, was spricht also dagegen, dass diese Glücksmomente auch ein ständiger Begleiter Ihrer Arbeit werden?

Nichts! Sie haben ein Recht auf Leichtigkeit, also machen Sie doch bitte davon Gebrauch. Ich stelle einmal folgende Behauptung auf: Viele tun es nicht, weil es Ihnen zu einfach erscheint. Kennen Sie Menschen, die oft der Meinung sind, dass dies oder jenes nicht sein kann, da das ja viel zu einfach wäre?

Mit Sicherheit kennen Sie diese Personen und eventuell ertappen Sie sich gerade selbst dabei. ☺

Was ich ausdrücken möchte, ist die wunderbare Tatsache, dass es egal ist, in welcher beruflichen Situation Sie gerade stecken. Selbst wenn es Ihrem Empfinden nach keinen Sinn macht, in der derzeitigen Firma zu bleiben, haben Sie eine wichtige Erkenntnis gewonnen. Es ist an der Zeit für eine Veränderung. Hören Sie in sich hinein.

Zu was fühlen Sie sich berufen?

Ich für meinen Teil war mir irgendwann darüber bewusst, dass es mir das Wichtigste ist, mit Menschen zu arbeiten, sie mitunter zu führen und erfolgreich zu machen. Auch hatte ich stets das Gefühl, dass ich erfolgreich sein werde, wenn ich Menschen so behandle, wie ich selbst gerne hätte, dass man mich behandelt.

Ich liebe wirklich, was ich tue, der angenehme Nebeneffekt dabei ist, dass ich Geld dafür bekomme. Und ob Sie es glauben oder nicht: Ich würde morgen auch hingehen, wenn dem nicht so wäre. Wenngleich mein Arbeitgeber, sollte er irgendwann dieses Buch lesen, sich nicht dazu veranlasst fühlen muss, meine Gehaltszahlungen ab sofort einzustellen ☺

Für mich persönlich kann ich sagen: Ich habe meine Berufung gefunden. Dabei ist es im Endeffekt gar nicht so wichtig, in welcher Firma man arbeitet. Haben Sie erst einmal Ihr berufliches Glück gefunden, können Sie das überall leben und lieben! Arbeiten müssen wir in der Regel ohnehin, deshalb sollten Sie das mit Freude tun. Ich versichere Ihnen, neben Dank und Anerkennung aus dem direkten Arbeitsumfeld machen Sie sich das größte Geschenk selbst.

Damit möchte ich zum privaten Teil überleiten. Um sich hier ebenfalls zu beschenken, braucht es nur eines: Liebe! Damit ist nicht gemeint, dass Sie für alle Menschen so fühlen müssen wie für Ihre(n) Partner(in). In erster Linie verhält es sich hier wie bei allen anderen Dingen auch. Wir müssen bei uns selbst damit beginnen.

Sie wissen schon: „Liebe dich selbst und es ist egal"… Früher hat es mich immer wieder einmal beschäftigt, wie andere Menschen über mich denken.

Ob sie wohl eine gute Meinung von mir haben? Oder ob ich dem entspreche, was gemeinhin als toll empfunden wird? Solche Fragen schossen mir in vielen Situationen durch den Kopf.

Diese Art der Gedanken kennen wir wohl alle. Der eine mag sie öfter haben, der andere beschäftigt sich kaum oder gar nicht damit. Was denken Sie, wann Sie tatsächlich beginnen, sich selbst zu lieben? Ich sage es

Ihnen. Genau dann, wenn diese Gedankenspiele nicht mehr wichtig sind und Sie sich so
akzeptieren und annehmen, wie Sie wirklich
sind bzw. sein wollen.

Wie groß ist die Wahrscheinlichkeit, dass Sie
es nur einem einzigen Menschen (immer)
recht machen können? Sie ist verschwin-
dend gering. Versuchen Sie das bei mehre-
ren Personen, wird die Wahrscheinlichkeit
nicht gerade höher.

Auf den Freundeskreis oder die Partnerschaft bezogen, hört man des Öfteren, dass
es wichtig sei, Kompromisse einzugehen. Ja,
das können Sie durchaus machen, es wird
zu weniger Missverständnissen oder Diffe-
renzen führen als vorher. Es ist normal, dass
jeder und jede seine Wünsche und Vorstel-
lungen hat und deswegen gestaltet es sich
nicht immer einfach, alles miteinander in Ein-
klang zu bringen.

Ich möchte Ihnen nun aber eine noch viel
effektivere Methode beschreiben, wie Sie
nicht nur alle Menschen, die Ihnen wichtig
sind, glücklich machen, sondern obendrein
noch sich selbst.

Das Zauberwort heißt „Achtsamkeit".

Wie die Wortbedeutung schon erahnen lässt, geht es vor allem darum, seine Liebsten zu achten und dabei sind Sie mit inbegriffen. Bringen Sie sich selbst die Wertschätzung entgegen die Sie brauchen, um diese auf andere zu projizieren. Achten Sie auf Ihre Bedürfnisse und versuchen Sie nicht, irgendeinem Ideal zu entsprechen.

Sie wissen ja gar nicht, ob das, was Sie in diesen Momenten darstellen, überhaupt annähernd mit dem zu tun hat, worauf Ihr Gegenüber fokussiert ist. Vor allem laufen Sie auch Gefahr, sich in der Folge mehr und mehr in eine Richtung zu entwickeln, in die Sie nie wollten, aber den Weg dorthin dennoch kontinuierlich gegangen sind. Nun wird es im wahrsten Sinne des Wortes beschwerlich, den Turnaround zu schaffen.

Warum entstehen gerade im privaten Bereich überhaupt Situationen, die uns immer wieder unausgeglichen werden lassen? Oft liegt es daran, dass im wahrsten Sinne des Wortes zwei komplett unterschiedliche Welten aufeinander treffen. Jeder ist anders aufgewachsen und hat vom Elternhaus unterschiedlichste Prägungen erfahren.

Ihr Wertesystem mag in sehr vielen Punkten mit dem des Partners übereinstimmen, sicher aber nicht komplett, und das macht die ganze Sache so herausfordernd. Wenn nun eine Situation entsteht, in der diese Passung gerade nicht da ist, gibt es unterschiedliche Möglichkeiten, damit umzugehen. Im Optimalfall sprechen Sie offen darüber, nur so kann ein gemeinsames Verständnis geschaffen werden. Nehmen Sie unangenehme Dinge nicht einfach hin, sondern rufen Sie eine Basis für Ihr Denken und Fühlen ins Leben. Viel zu oft wird davon ausgegangen, dass unser Gegenüber doch erkennen müsse, wie das jeweilige Thema gelöst werden sollte.

Das wird aber nur passieren, wenn sie beide vom gleichen Ist-Zustand ausgehen. Daher möchte ich Ihnen gerne folgenden logischen und doch so oft anscheinend zu einfachen Satz mit an die Hand geben:

„Die Wahrscheinlichkeit, dass Sie bekommen, was Sie wollen, ist dann am größten, wenn Sie es einfach aussprechen".

Da die wenigsten von uns wohl telepathische Fähigkeiten besitzen, schaffen Sie mit dieser Einfachheit die wichtigste Grundvoraussetzung, um regelmäßig Missverständnisse zu vermeiden. Das bedeutet nicht, dass Sie immer und überall einer Meinung sein müssen. Wenn Sie sich beispielsweise nicht mit

Sport identifizieren können, Ihr Partner dies aber mit voller Leidenschaft tut, ist das völlig in Ordnung. Sagen Sie sich: Ich finde es gut, dass er oder sie dabei aufblüht!

In diesem Moment tun Sie das für sich ebenso, da Sie zum einem Ihrem Partner ein gutes Gefühl geben (er darf seiner Leidenschaft nachgehen), zum anderen auch sich selbst, indem Sie sich nicht ärgern, dass er die Zeit gerade mit Sport anstatt mit Ihnen verbringt.

Sehen Sie es vielmehr als willkommene Gelegenheit, Zeit in etwas zu investieren, das Sie in diesem Moment happy macht! Nur durch diese Bewusstseinsveränderung ist etwas Unglaubliches passiert.

Sie diskutieren nicht mehr darüber, warum das eine vielleicht schlecht und das andere doch viel besser wäre. Sie haben eine Winwin-Situation geschaffen. Alle Beteiligten sind glücklich, da jeder etwas für ihn Vorteilhaftes bekommen hat, und das in dem Wissen, dass es dem Partner damit richtig gut geht. In den ersten Monaten einer Partnerschaft fallen Ihnen viele Dinge nicht auf. Schließlich sind Sie frisch verliebt und die allseits beliebten und bekannten Schmetterlinge im Bauch verpassen uns eine ganz andere Wahrnehmung. So tolerant und „anspruchslos" wie zu dieser Zeit sind Paare in der Folge eher selten, bei Freundschaften verhält es sich ähnlich.

Je länger eine Beziehung andauert, umso wichtiger ist es, sich mit Achtung, Respekt und gegenseitigem Verständnis zu begegnen. Darin steckt das Verb „verstehen". Es ist absolut natürlich, dass jeder den Wunsch hegt, verstanden zu werden.

Wenn dem so ist, fühlen wir uns gehört und bekommen nicht das Gefühl, dass Wünsche und Bedürfnisse auf der Strecke bleiben. Ab und an wird von einem „Wunschdenken" gesprochen, also einem Zustand, den wir gerne hätten.

Was aber spricht dagegen, es nicht nur dabei zu belassen, sondern dieses Denken einfach umzusetzen. Sie wissen schon: Die Wahrscheinlichkeit ist dann am größten...

Es ist immer besser etwas zu tun, anstatt sich nur vorzustellen, wie schön es doch anders wäre. Schließlich haben Sie jederzeit die Möglichkeit, kleinere Korrekturen vorzunehmen und dem Vorhaben somit eine andere Richtung zu geben. Lösen Sie sich von dem Gedanken, dass alles immer sofort perfekt funktionieren muss. Geben Sie dem

Ganzen Raum und Zeit, nur dann kann es sich am Ende auch gut anfühlen. Ein gutes Gefühl zu haben, macht uns stark, weil wir uns selbst signalisieren, dass wir gerade etwas sehr Positives tun.

In einer Beziehung ist es nicht entscheidend, ob Ihr Partner stets das macht, was Sie in diesem Moment gerne hätten. Es ist viel wichtiger, dass beide Seiten sich selbst treu bleiben und dafür Sorge tragen, dass die Achtsamkeit den gemeinsamen Weg stets begleitet.

Wenn Sie sich eine tragende Wohlfühl-atmosphäre schaffen, kann nichts und niemand diese auflösen. Sollten Sie irgendwann an den Punkt kommen, dass Ihrer Meinung nach diese angenehmen Faktoren abhandengekommen sind, gibt es zwei Möglichkeiten: Entweder Sie sprechen mit Ihrem Partner darüber und finden eine gemeinsame Lösung oder Sie trennen sich.

Bevor Sie allerdings diesen im ersten Moment radikaleren Schritt gehen, sollten Sie sich überlegen, wie oft Sie in der Vergangenheit schon der Ansicht waren, dass es doch ein noch passenderes Gegenstück zu Ihnen geben müsse. Ich verrate Ihnen etwas: Wenn Sie diese Denkweise an den Tag legen, werden Sie zwar noch unzählige Beziehungen führen, an der Grundthematik wird das aber nichts verändern. Ihr jetziger Partner ist Ihnen ja auch nicht zugeflogen, Sie haben sich bewusst für ihn entschieden.

„Wer ewig sucht, sucht ewig", habe ich in der Vergangenheit öfter gehört. Genauso ist es. In letzter Konsequenz bedeutet es sogar, dass Sie den Weg zu sich selbst noch nicht gefunden haben.

Es ist unglaublich, welch ein Aufwand oft betrieben wird, um das private Glück zu finden. Jeder von uns könnte es jedoch längst sein Eigen nennen und glauben Sie mir, es ist definitiv nicht von der Konstellation der Sternzeichen abhängig, auch wenn das natürlich ein guter Grund wäre, warum es bis dato noch nicht geklappt hat ☺

Ich wünsche Ihnen an dieser Stelle eine gute Entscheidung für sich selbst. Haben Sie diese erst einmal getroffen, kann definitiv nichts mehr passieren.

Lassen Sie, wenn noch nicht geschehen, den Menschen in Ihr Leben treten, der ebenso wunderbar ist, wie Sie es sind. Es funktioniert hervorragend (siehe „Aktion = Reaktion" bzw. „die richtige Frequenz"). Erleben Sie mit ihm ein neues Lebensgefühl, in dem jeder Tag etwas Besonderes ist, Sie haben es sich verdient!

Zufall

Einige von Ihnen müssen jetzt ganz stark sein. ☺

Auch wenn ich nicht immer ein Freund von wissenschaftlich erwiesenen Dingen bin, möchte ich gerne folgende Erkenntnis mit Ihnen teilen:

Es gibt keinen Zufall!

Wer also bisher beispielsweise Glück oder Pech, Erfolg und Misserfolg mit (r)einem Zufall verbunden hat, der bekommt nun die Möglichkeit, ein Bewusstsein dafür zu erlangen, was diese Gefühle oder Zustände hervorruft. Meistens fällt der Begriff „Zufall" in einem Zusammenhang, wenn Sie sich etwas nicht erklären können.

Es muss ja eine Fügung sein, wie sollte das sonst zustande kommen? Das Phänomen dabei sind aber **Sie** und niemand anderes. Ein guter Freund von mir sagt immer: „Für mich gibt es nur den **Zu-Fall**". Diese Aussage ist wirklich gehaltvoll. Allem, was Ihnen „zufällt", dem geht eine Eigenkreation voraus. Entweder haben Sie einen Gedanken auf die Reise geschickt, der folgerichtig ein Ergebnis mit sich bringt, oder aktiv (ob bewusst oder unbewusst) etwas dafür getan, dass das entsprechende Resultat in der Folge mit sich brachte.

Der Mensch – und das ist äußerst positiv – neigt vor allem in angenehmen Momenten dazu, eine Situation mit dem Wort „Zufall" zu versehen. Stellen Sie sich vor, Sie gehen kurz vor Ladenschluss noch einkaufen und ergattern die letzte Packung eines Produktes, das Sie unbedingt noch haben wollten. „So ein Zufall, jetzt ist da gerade noch eines davon da".

So oder ähnlich lautet die glückliche Erkenntnis in diesem Moment. Aber jetzt mal ganz ehrlich: Wie oft waren Sie denn schon einkaufen und keines dieser Produkte stand mehr im Regal oder andersherum, es war mehr als genug davon vorhanden? Was ich Ihnen damit sagen möchte? Ob es für Sie erklärbar ist oder nicht, Sie werden immer eines jener Szenarien vorfinden. Einen weiteren Klassiker möchte ich gerne noch als Beispiel anführen.

Sie kennen sicherlich die Situation, dass Ihr Telefon klingelt und am anderen Ende der Leitung die Person am Apparat ist, an die Sie genau in diesem Moment gedacht haben. „Ja so ein Zufall, dass du anrufst, gerade habe ich an dich gedacht", ist ein beliebter Satz in diesem Zusammenhang. Überlegen Sie jetzt einmal, wie oft Sie schon an diese Person gedacht haben und das Telefon blieb stumm. ☺

Manchmal neigen wir auch dazu, in negativer Hinsicht etwas auf den Zufall abzuwälzen. „Es war ja klar, dass ich wieder der Leidtragende bin. Als hätte ich nicht schon genug andere Sorgen". Aus welcher Warte heraus Sie das Ganze auch betrachten wollen, eine Gesetzmäßigkeit kommt definitiv zum Tragen: Es werden immer die Dinge, die passieren sollen bzw. von Ihnen generiert werden, automatisch geschehen. Das hat in gewisser Hinsicht sicherlich auch etwas mit Logik zu tun.

Wenn Ihnen Menschen wichtig sind, haben Sie natürlich das Bedürfnis, in regelmäßigem Kontakt mit ihnen zu stehen. Somit ist die Wahrscheinlichkeit auch bedeutend größer, dass Übereinstimmungen häufiger als in anderen Konstellationen auftreten.

Daher ist es beispielsweise gerade am Anfang einer Beziehung völlig normal, dass der eine das ausspricht, was der andere denkt.

Dies kann auch später noch der Fall sein, wenn zwei Menschen, unabhängig davon, ob sie sich in einer Partnerschaft befinden oder nicht, eine sehr starke Bindung zueinander haben.

Je stärker Ihre Verbundenheit zu sich selbst ist, umso mehr agieren Sie aus der persönlichen Leichtigkeit heraus.

Wer sich also bisher die Frage gestellt hat, was der „Zufall" mit dem Sein zu tun hat, erhält spätestens jetzt die Antwort darauf. Viele Menschen bestaunen lieber das Unerklärliche, anstatt selbst dafür zu sorgen, dass die eigenen Schöpfungen zur Erreichung der erklärten Ziele führen. Wenn Sie bis dato zu den „Bestaunenden" gehörten, macht es durchaus Sinn, diesbezüglich Überlegungen anzustellen.

Es ist sehr schwierig oder gar unmöglich, etwas zu erreichen, wenn Sie nicht wissen, wie das Ergebnis aussehen soll. Alles Erfolgreiche entsteht immer aus einer Idee heraus. Hierbei ist es nicht entscheidend, dass Ihnen vorab der komplette Weg zum Ziel in allen Einzelheiten vor Augen schwebt. Es ist völlig ausreichend, wenn Sie im ersten Schritt eine grobe Richtung anpeilen, der Rest ergibt sich ohnehin von ganz alleine. Denken Sie einmal zurück. Bei wie vielen Dingen haben Sie am Anfang gedacht, dass das nie und nimmer etwas werden würde. Rückblickend kam dann sicherlich ganz oft die Erkenntnis, dass es ja gar nicht so schwer oder anders ausgedrückt, mit einer gewissen Leichtigkeit zu erreichen war…

Auch beim „Zufall" haben Sie die freie Wahl der Perspektive. Diese könnte sein: „Ja so ein blöder Zufall, dass das gerade mir passieren musste". Besser ist natürlich die Herangehensweise über den anderen Blickwinkel. Das ist jener, der besagt, dass nichts zufällig passiert und einem Ergebnis stets eine bewusste Handlung vorausgeht.

Ein weiterer Aspekt, der uns immer wieder vom eigenen Schaffen abbringt, ist das Werten. „Es kann ja gar nicht sein, dass ein anderer dies oder jenes besser kann als ich". Warum vergleichen Sie sich mit Ihren Mitmenschen? Weil es ja Zufall oder Glück gewesen sein könnte, dass jemand etwas Tolles erreicht hat?

So zu agieren ist meistens ein Zeichen von Unsicherheit sowie mangelndem Selbstbewusstsein. Personen, die von sich selbst überzeugt sind, tätigen eher Aussagen wie die folgende: „Ich überlasse nichts dem Zufall". Gut, das kann ab und an auch mit oder in zu viel Akribie enden, aber immerhin setzen diese Menschen ein Zeichen des persönlichen und aktiven Tuns.

In diesem Zusammenhang fällt mir ein Zitat ein, das ich vor längerer Zeit einmal gehört habe: „Der eine wartet, bis die Zeit sich wandelt, der andere packt sie an und handelt".

So einfach kann es sein. Sie sind der Steuermann in Ihrem Leben und nicht ein Zustand, der – wie wir mittlerweile wissen – noch nicht einmal existiert. Gehen Sie alles, was Ihnen wichtig ist, aktiv an. Dadurch verschaffen Sie sich auch die Gewissheit, dass alles, was zukünftig passieren soll, von Ihnen eingeleitet worden ist. Das hat viele Vorteile.

Beispielsweise müssen Sie nicht mehr darüber nachdenken, ob denn im Laufe der Zeit und natürlich nur rein zufällig Dinge passieren, die Sie in dieser Form gar nicht haben möchten. Es ist ein richtig tolles Gefühl, wenn Sie einmal in dem Modus des Agierens sind und ein Bewusstsein dafür entwickelt haben, dass alles, was kommen mag, einfach nur gut ist und sich auch dementsprechend anfühlt. Wenn Sie also in nächster Zeit **zufällig** nichts anderes vorhaben, lade ich Sie dazu ein, Ihr Leben mit diesen neuen

Erkenntnissen zu bereichern. Es wäre doch sehr schade, wenn wieder einmal nur die anderen etwas bewegen und Sie der Bestaunende dessen sind.

Das mag vielleicht etwas sarkastisch klingen, allerdings bietet eine gewisse Klarheit auch die größtmögliche Chance, Ihr Bewusstsein tatsächlich zu schärfen.

Ich bin mir sicher, dass Sie in einer der nächsten Situationen zwar das Wort „Zufall" auf den Lippen haben werden, allerdings im nächsten Moment wohl ein wenig darüber schmunzeln. Aber das ist auch gut so und Ihr erster Schritt hin zu einem bewussteren Handeln.

Loslassen

Dieses Thema ist schier unerschöpflich und es gibt eine Vielzahl von Büchern darüber. Für mich verhält es sich dabei aber, wie bei allen anderen Themenbereichen dieses Buches. Ich möchte mich rein auf meine Erfahrungen oder Sicht der Dinge stützen sowie auf den positiven Fluss, der mich seit Beginn des Schreibens begleitet.

Die Kernbotschaft ist tatsächlich die, dass ich in der Lage sein muss, Dinge loszulassen. Wir halten so oft an Sachen fest, obwohl wir innerlich schon lange wissen, dass es längst an der Zeit wäre, diese loszulassen. Das bezieht sich auf nahezu jeden Bereich unseres Lebens. Wenn wir etwas loslassen (sollen), begleitet uns oft ein ungutes Gefühl.

In Bezug auf einen geliebten Menschen spricht man auch oft von Trennungsschmerz. In unseren Gedanken wird das Loslassen regelmäßig mit einem Verlust in Zusammenhang gebracht, quasi mit dem Abgeben von etwas, das eine Lücke hinterlässt. Das ist eine verständliche Reaktion, schließlich fühlt man sich nicht mehr komplett, wenn ein bis dato unverzichtbarer Teil des eigenen Lebens nicht mehr da ist.

Früher war ich ein Weltmeister darin, Dinge festzuhalten. Ich habe mir selbst und meinem Leben nicht die geringste Chance für Neues gegeben. Es war ja auch kein Platz dafür da, schließlich hatte ich mehr damit zu tun, alte Dinge mit mir herumzuschleppen.

Also beschloss ich irgendwann, meine Muster zu überdenken, und begann damit, gnadenlos auszusortieren. Das mag jetzt vielleicht überzogen klingen, aber ich meine es tatsächlich so.

Hätte ich das nicht getan, würde ich auch heute noch begründen, warum es allen anderen gut geht und es nur mir anscheinend nicht vergönnt ist, glücklich und erfolgreich zu sein. Wenn mir zum Zeitpunkt meiner eigenen Veränderung schon bewusst gewesen wäre, mit welch grandiosen Auswirkungen das verbunden ist, hätte ich definitiv schon viel früher damit begonnen.

Wahrscheinlich braucht jeder Mensch sein persönliches Aha-Erlebnis, um den Blick für die Notwendigkeit zu haben. Natürlich muss nach der Erkenntnis auch etwas passieren. Nur zu wissen, dass der Ist-Zustand unbefriedigend ist, bringt Sie noch keinen Schritt weiter. Machen Sie doch einmal eine Bestandsaufnahme und wenn Sie schon dabei sind, durchleuchten Sie am besten gleich alles. Welche Menschen oder Dinge tun Ihrem Leben richtig gut und welche nicht? Mit dem Ergebnis lässt sich arbeiten.

Logischerweise behalten Sie die positiven Dinge. Von denjenigen, die Ihnen nicht gut tun, sollten Sie sich trennen, geben Sie ihnen den Laufpass! In diesem Moment bringt es nichts, etwaige unschöne Sachen zu verdrängen. Nur wenn Sie konsequent agieren, schaffen Sie Platz für Neues. Verabschieden Sie sich von dem Gefühl, dass Loslassen mit Schmerz und Verlust verbunden ist.

Wenn Sie es aber dennoch mit dem Wort Verlust verknüpfen möchten, dann zumindest im umgekehrten Sinn. Sie verlieren etwas, das Ihnen ein unangenehmes Gefühl gebracht hat. Sehen Sie vielmehr die große Chance, die sich bietet, wenn mehr Schönes in Ihr Leben treten kann und darf.

All das Interessante, das bis dato keine Möglichkeit bekommen hat, fester Bestandteil Ihres neuen Seins werden zu dürfen. Fangen Sie am besten damit an, Unzufriedenheit und seelische Belastungen loszulassen. Sind Sie beispielsweise mit Ihrem Körper unzufrieden? Dann lösen Sie dieses Muster.

Es ist nicht wichtig, ob Sie Modelmaße haben, also macht es auch keinen Sinn, darauf Energie zu verschwenden. Sowohl Ihnen als auch Ihrem Umfeld geht es viel besser, wenn diese Belastung der Vergangenheit angehört. Akzeptieren Sie sich als den tollen Menschen, der Sie sind. Ich habe noch nie gehört, dass jemand besser oder schlechter ist, nur weil er vielleicht einige Kilo mehr oder weniger auf den Rippen hat.

Sollten sie zu den Menschen gehören, die gerne eine „bessere" Figur hätten, ist eben beschriebene Verfahrensweise umso wichtiger. Erst wenn Sie Ihre Kilos tatsächlich losgelassen haben, können jene auch verschwinden. Wie sollen sie auch vorher die Möglichkeit dazu haben, wenn Sie bisher alles dafür getan haben, diese „zu halten".

Das bezieht sich nicht nur auf das Gewicht, sondern auch auf alles andere, das Sie bis dato nicht ziehen lassen konnten oder wollten. In einem der vorherigen Kapitel ging es mitunter um die Leichtigkeit in Beziehungen. Jemanden zwanghaft zu halten, führt zu einem Zustand der Verkrampfung. Sie haben keinerlei Chance, unter solchen Umständen wirklich glücklich zu sein. So hart das auch klingen mag, lassen Sie alles los, was Ihnen Schmerz, Trauer oder Unwohlsein beschert. Oft sind es auch vor allem Sie selbst, der sich diese unangenehmen Gefühle zufügt. Insbesondere dann, wenn Sie aus einer Perspektive heraus wirken, die eine positive Sache in der Folge ausschließt.

Ihr sogenanntes Seelenleben ist die Basis für ALLES. Sollten solche Sätze wie „darauf muss ich mich erst einmal seelisch vorbereiten" zu Ihrem Repertoire gehören, kann ich nur die dringende Empfehlung aussprechen, davon Abstand zu nehmen. Sie müssen sich in dieser Hinsicht auf gar nichts vorbereiten, außer vielleicht darauf, dass sich Ihre Seele generell wohlfühlen sollte.

Geht es dem Inneren gut, überträgt sich das automatisch auf alles andere. Angefangen von einer schönen Haut (die Haut ist der Spiegel der Seele) bis hin zu einer guten und zufriedenen Ausstrahlung.

Ob Sie auch äußerlich losgelassen haben, können Sie ganz leicht testen. Überprüfen Sie, egal ob sitzend oder liegend, wie entspannt Ihr Körper wirklich ist. Sollten Sie an der einen oder anderen Stelle verkrampft sein, hilft oft Folgendes: Atmen Sie einmal tief ein und geben dem Körper im ausatmen die Möglichkeit Stück für Stück leichter zu werden.

Wiederholen Sie das so oft, bis sich im wahrsten Sinne des Wortes ein Gefühl der Leichtigkeit einstellt. Der große Vorteil an dieser Übung ist, dass Sie immer und überall für ein größtmögliches Gefühl der Entspannung sorgen können. Sie geben sich und Ihrem Körper die Möglichkeit loszulassen.

Sollte Ihnen diese Art und Weise der äußerlichen Anwendung zunächst einfacher als die innere fallen, ist das völlig in Ordnung. Es bietet Ihnen die Gelegenheit, Schritt für Schritt und dauerhaft etwas für sich zu tun. Danach und zum richtigen Zeitpunkt werden Sie ganz automatisch das Bedürfnis haben, die seelischen Blockaden anzupacken.

Lösen Sie diese aber bitte nicht mit Verdrängung, sondern mit der Intension, sich von einem unerwünschten Zustand jetzt und dauerhaft frei zu machen. Verabschieden Sie ganz bewusst das Gefühl, das Ihnen bisher die Möglichkeit verwehrt hat, den Platz für etwas Neues und Wohliges zu räumen. Sie sind der Chef im Ring, halten Sie sich dies gerade beim Thema „Loslassen" immer wieder vor Augen.

Sind Sie erst einmal in diesem positiven Aktionsmodus, werden Sie sehr schnell das Bedürfnis haben, fortan allem, was Ihnen nicht gut tut, den Laufpass zu geben. Ich kann Ihnen aus Erfahrung sagen, dass das wirklich ein sehr geiles Gefühl ist ☺

Sollten Sie sich unklar darüber sein, ob Sie wirklich alles, was Sie nicht weiterbringt, losgelassen haben, gehen Sie einfach wieder in die Bestandsanalyse. Besagt jene, dass Sie rundherum zufrieden und glücklich sind, haben Sie sich die Antwort bereits gegeben. Gibt es aber noch Situationen, in denen Sie unzufrieden mit sich oder einer Situation sind, besteht Handlungsbedarf. Mit der Zeit wird die Abfrage des Ist-Zustandes immer seltener und Sie werden merken, dass es kaum noch vorkommt und sich irgendwann sogar komplett in Wohlgefallen auflöst.

Ein möglicher Weg, Dinge dauerhaft zu verabschieden, ist die Meditation. Das mag, gerade wenn Sie sich bisher noch nicht damit beschäftigt haben, ungewohnt sein. Dennoch rate ich Ihnen, es einfach einmal auszuprobieren. Meiner Erfahrung nach gibt es wohl kaum einen besseren und direkteren Weg zu sich selbst. Auch hier müssen Sie sich nicht dazu genötigt fühlen, Ihren potenziellen neuen Weg mit Ihrem Umfeld zu diskutieren oder zu teilen. Einzig und allein der Pfad, den Sie für sich bestimmen, zählt.

Ich wünsche Ihnen, dass Sie auch bald „einen Haken" unter das Kapitel „Loslassen" setzen können und sich der Gewissheit erfreuen, dass Sie auf Ihrem persönlichen Weg zu Erreichung der „Leichtigkeit des Seins" ein weiteres Stück vorangeschritten sind.

Potenzial

Ich weiß nicht, ob Sie das bisher Gelesene zu der Frage nach dem eigenen Potenzial hat kommen lassen. Es ist aber auch nicht wichtig, viel entscheidender ist, ob Sie die Lust verspüren, Ihre Fähigkeiten dauerhaft abzurufen. Kurzzeitig habe ich mit dem Gedanken gespielt, dieses Kapitel „Begrenztheit" zu nennen.

Es klingt aber nicht so positiv und musste sich daher beugen. Unabhängig vom Klang des Wortes gibt es aber doch viele Zusammenhänge. Wenn Sie etwas erreichen wollen, dürfen Sie sich nicht begrenzen. Damit stellen Sie sich selbst bzw. Ihr Handeln infrage und das führt zwangsläufig zu einem negativen Ergebnis.

Haben Sie sich schon einmal gefragt, warum anderen scheinbar alles gelingt und Sie, um dies oder jenes zu erreichen, bedeutend mehr Aufwand betreiben müssen? Ja? Das habe ich in der Vergangenheit auch getan, glücklicherweise bin ich zu folgendem Ergebnis gekommen: Die anderen haben bzw. hatten weder mehr noch weniger gute Voraussetzungen als ich. Sie haben auch in bestimmten Bereichen nicht mehr Potenzial oder wurden anderweitig begünstigt. Sie wussten in den Momenten, die für sie wichtig waren, „lediglich" was zu tun ist. Sie haben einfach die Gelegenheit beim Schopf gepackt und „ihr Ding" durchgezogen. Braucht es dazu Mut?

Das ist eine Sache der Perspektive. Wenn Sie sich in der Leichtigkeit bewegen, braucht es das nicht. Wenn Sie auf sich und Ihre Talente vertrauen, kann Ihnen definitiv nichts passieren und sie gehen außerdem auch nie ein RISIKO ein.

Dieses Wort aber ist es, was Ihre großartigen Fähigkeiten oft verdrängt. Sätze wie: „Das ist doch viel zu riskant" oder „dafür bin ich nicht geschaffen" lassen Sie nicht mehr an die eigenen Stärken glauben. Drehen Sie das Ganze doch einmal um und stellen sich diese Frage:

Wofür bin ich denn geschaffen?

Doch bestimmt nicht dafür, andere Menschen zu bestaunen und ihnen dabei zuzusehen, wie sie tolle Dinge erreichen. Klären Sie das für sich! Hinterfragen Sie, wofür Sie die Ihnen mitgegebenen Talente einsetzen möchten. Diese Erkenntnisse müssen Sie nicht gleich mit Ihrem Umfeld teilen, allerdings ist es unabdingbar, dass Sie das für sich persönlich tun.

Wie oft haben Sie sich schon gedacht, dass dies oder jenes ja genau das Richtige für Sie wäre, es aber nie ausprobiert? Jetzt haben Sie die Gelegenheit dazu. Egal was es genau ist, es wird Ihr Leben bereichern. Immer wieder wird von der sogenannten „Lebensqualität" gesprochen. Das bedeutet nicht nur, dass es angenehm ist, nach einem anstrengenden Arbeitstag auf dem Sofa zu sitzen oder ein leckeres Essen zu genießen. Es heißt vor allem, dass Sie Ihr Potenzial dazu nutzen sollten, sich dauerhaft etwas Positives zu schaffen.

Ob Ihre Talente im sportlichen, kreativen, sozialen oder anderen Bereichen liegen, spielt dabei eine untergeordnete Rolle.

Gehen Sie in eine Richtung, die Sie erfüllt und bestätigt. Dabei ist es wichtig, daran zu glauben und es ebenso tatsächlich zu wollen. Wechseln Sie die Sichtweise. Bis dato haben Sie vielleicht Ihre Mitmenschen mit sich selbst verglichen, ja möglicherweise gar in unterschiedliche Gruppierungen eingeteilt: Das reicht dann von „kein oder wenig Talent" bis hin zu „der könnte es schaffen" oder „der ist richtig gut und wird bestimmt einmal sehr erfolgreich".

Einen Vorteil bringt das „mal schauen wie es andere so machen" aber auf jeden Fall mit sich: Sie können das Gesehene – immer vorausgesetzt, es passt zu Ihnen – kopieren und gewinnbringend in Bezug auf Ihr eigenes Potenzial einsetzen. Das bedeutet nicht, dass Sie sich etwas nehmen, was Ihnen gar nicht gehört.

Ganz im Gegenteil. Es zeigt, dass Sie sich darüber Gedanken machen, wie Sie Ihr Potenzial besser nutzen können. Jeder erfolgreiche Mensch hat für sich die Entdeckung gemacht, was er möchte, und ist in der Folge den Weg dieser Erkenntnis gegangen.

Entdecken bzw. Erkennen bedeutet in diesem Fall nichts anderes, als die positiven Grundelemente, die Sie bereits besitzen, aufzudecken und anzuerkennen. Als bildlichen Vergleich möchte ich Ihnen folgenden mit an die Hand geben: Wenn Sie sich nach Jahren in Ihrem Keller oder auf dem Dachboden umsehen, finden Sie immer den ein oder anderen Schatz. Sie graben also nach sehr langer Zeit etwas aus, das schon immer da war. Es war nur nicht in Ihrem gegenwärtigen Bewusstsein bildlich vorhanden. Sich

„etwas vor Augen zu führen" bedeutet, den Blick auf wesentliche Dinge zu richten. Wenn Sie schon gerade dabei sind, Potenziale neu zu entdecken, nutzen Sie am besten auch gleich die Gelegenheit, alte und nutzlose Sachen zu entsorgen.

Das Herumtragen oder Aufbewahren von solchen „Brocken" hindert Sie nur daran, hilfreiche Dinge weiter zu verfolgen und diese auf- bzw. auszubauen.

Ihr neu eingeschlagener Weg soll doch ein leichter sein und keiner, der Sie dazu zwingt, alten Ballast mit herumzuschleppen. Das Wort „Last" drückt Schwere aus und somit genau das Gegenteil von dem, was Sie erreichen möchten, nämlich Leichtigkeit.

Wenn wir also von Potenzial sprechen, stellt sich nicht die Frage, ob Sie dieses besitzen oder nicht. Es geht lediglich darum, die Lust zu verspüren, es umzusetzen.

Von Geburt an haben Sie bereits alle Fähigkeiten, die Sie dazu brauchen, mitbekommen. Auch an dieser Stelle gilt: Sie **dürfen** diese Entscheidung für sich alleine treffen! Es ist IHR Leben. Keiner kann Ihnen sagen, dass das eine besser und das andere eher nichts für Sie sei. All das, was Sie sich in diesem Leben bisher erschaffen haben, ist einzig und allein Ihr Werk.

Wenn Sie dieses Bewusstsein an den Tag legen, ist es der logische Folgeschritt, dass Ihre zukünftigen Schöpfungen gepaart mit Ihren Fähigkeiten dafür sorgen, dass Sie den Blick in eine schöne und erfüllte Zukunft richten können. Potenzial bedeutet Stärke und Macht. Diese zwei Eigenschaften zu besitzen ist doch wirklich ein tolles Gefühl, oder?

Wir alle wollen stark sein und uns dementsprechend fühlen. Des Weiteren haben Sie die persönliche Freiheit, ein **machtvolles** Wesen zu sein. Setzen Sie diese zu Ihrem Vorteil ein! Das Wort „voll" bezeichnet Fülle und Sie dürfen sich davon so viel Sie möchten schenken. Ich finde das grandios. Setzen Sie Ihre Talente so ein, dass Sie erfüllt sind. Es steht in Ihrer Macht, dem Leben fortan alles zu geben, was Sie von ihm auch erwarten.

Nein

Diese vier Buchstaben passen hervorragend zur „Leichtigkeit des Seins". Auf die Idee, ein Kapitel über dieses „einfache Wort" zu schreiben, bin ich durch eine Aussage gekommen, die ich bewusst oder unbewusst schon Hunderte Male gehört habe.

„Ich kann doch so schwer NEIN sagen", lautete der Ausspruch.

Denken Sie sich nun, dass dieser Satz auch von Ihnen stammen könnte? Die Wahrscheinlichkeit dafür ist hoch, schließlich handelt es sich hierbei um eine der am meisten verbreiteten Verhaltensweisen überhaupt.

Im Gegenzug könnte ich auch die Behauptung aufstellen, dass viele Menschen zu einem „Ja-Sager" geworden sind. Es kommt JA auch gut an, wenn Sie andere Menschen in ihrer Aussage oder in ihrem Tun bestätigen. Das haben wir schließlich so gelernt. „Nur nicht widersprechen, das gehört sich doch nicht". So oder so ähnlich lauten gut gemeinte Ratschläge unserer Erziehung oder von Menschen, die es wie immer nur gut mit uns meinen... ☺

Ich sage Ihnen eines: Hören Sie auf damit, Aussagen zu treffen, in denen Sie sich nicht wiederfinden. Das einzige, was Sie damit erreichen, ist die Tatsache, dass Dinge passieren, die Sie gar nicht haben wollen.

Ein lieber Mensch hat mir schon öfter folgenden Satz gesagt:

„Jedes NEIN ist ein JA zu sich selbst".

Der Inhalt dieser Botschaft ist einfach nur grandios und ich habe das lange Zeit überhaupt nicht gemerkt.

Sie wissen schon: Wenn's mal wieder länger dauert...Nein sagen bedeutet also in der Regel nicht, eine Sache oder eine Person abzulehnen, es ist ein Bekenntnis zu sich selbst. Dabei spielt es keine Rolle, ob Ihr Gegenüber lieber etwas anderes gehört oder gar erwartet hätte. SIE sollten, wenn überhaupt, eine klare Erwartungshaltung haben und zwar die an sich selbst.

In der Praxis ist das vielleicht nicht immer so einfach. Wenn das gesteckte Ziel, in diesem Fall die Erwartung, nicht erreicht wird. Viele fühlen sich dann schlecht und kommen zu dem Schluss, dass es wohl nicht so gut ist, mit allzu großen Hoffnungen oder Wünschen die Dinge anzugehen.

Auch wenn es für Sie banal oder zu einfach klingen mag: Es ist völlig ausreichend, wenn Sie mit sich im Reinen sind. Sie brauchen niemandem gegenüber Rechenschaft ablegen, nur weil Sie beschlossen haben, sich selbst gegenüber ehrlich und treu zu bleiben.

„Ehrlich währt am längsten", heißt es so schön und wenn Sie sich diese Grundeigenschaft gönnen, geht sie automatisch auch auf Ihr Umfeld über. Ein „Nein" fühlt sich eventuell nicht immer gleich positiv an. Wenn Sie aber dieses Wort als „Ja zu sich selbst" sehen, eröffnet Ihnen das nicht nur eine komplett neue Perspektive, sondern obendrein den Start in ein ungezwungeneres Leben.

Und das ist es doch, was wir alle haben wollen. Die Freiheit, so zu denken oder zu entscheiden, wie es sich für uns am besten anfühlt. Ganz nebenbei rufen Sie dadurch wichtige Begleiter in Ihr tägliches Leben.

Konkret meine ich, dass Attribute wie Selbstwert und Selbstvertrauen in ganz anderem Maße entstehen werden. Die Wortbedeutung sagt es schon aus. Sie SELBST und niemand anderes kann bestimmen, was Ihnen gut tut.

Oft sind es die sprichwörtlich kleinen Dinge wie ein „Ja" oder „Nein", die eine große Wirkung erzeugen.

Das Beste daran ist, dass Sie noch nicht einmal mit einem Kraftakt dafür sorgen müssen, dass eine Veränderung eintritt. Sie sind einfach „nur" ehrlich zu sich selbst. Nach dem Gewinn dieser Erkenntnis bietet sich zudem die Möglichkeit, Ihr Umfeld in vielen Situationen besser kennenzulernen.

Meine Erfahrung zeigt, dass sich viele Menschen bisher ebenso nicht getraut haben, ihre ehrliche Meinung kundzutun. Zurückhaltung, um anderen ein gutes Gefühl bzw. Recht zu geben, wäre schließlich wichtiger. Meistens ist das bis zu einem gewissen Punkt so.

An dem angelangt stellen sich viele dann folgende Frage: „Warum tue ich das eigentlich immer und immer wieder"?

Diese Frage stellen Sie sich zurecht. Mit Logik kann es nicht viel zu tun haben, da es der selbigen widerspricht, wenn Sie etwas tun, was Sie gar nicht wollen. Ist es vielleicht die Angst vor der eigenen Courage, die uns das tun lässt?

Möglicherweise, aber Sinn macht es auch keinen. Nehmen wir doch einfach den Anstand, unsere gute Kinderstube als Begründung, das klingt noch am besten. ☺

Jetzt mal im Ernst. Warum machen Sie sich schon bei so einfachen Dingen zu einem machtlosen Wesen?

„Nein" heißt oftmals nur: „Noch eine Information nötig".

Teilen Sie Ihren Standpunkt Ihrem Gegenüber mit und helfen ihm somit, dass er Sie jetzt und zukünftig besser versteht.

Möglicherweise ist es nicht nur für Sie eine Erlösung, wenn Sie fortan ehrlich zu sich und anderen sein werden. Ich habe es auch schon oft erlebt, dass Gesprächspartner, natürlich nur aus Rücksicht, anders reagiert haben, als sie das normalerweise getan hätten.

Im Nachhinein und mit dem neu gewonnen Wissen, war es für jene meistens eine große

Erleichterung, da sie die Erkenntnis gewonnen hatten, dass es wesentlich weniger anstrengend ist, einfach direkt zu sein. Nein sagen ist aber auch in einer weiteren Hinsicht sehr wichtig. Viele Menschen haben oft das Bedürfnis, sich um die Belange anderer zu kümmern. Das ist zwar ehrenhaft, in den meisten Fällen allerdings nicht zielführend.

Warum?

Weil es uns letztendlich nichts angeht und jeder Mensch die Chance haben sollte, für sich selbst zu bestimmen, was er haben möchte und was nicht. Nur weil Sie in bestimmten Momenten der Meinung sind, dass dies oder jenes jetzt für andere das Beste ist, muss diese Meinung noch lange nicht beim Beteiligten vorherrschen.

Erinnern Sie sich? „Jedes NEIN ist ein JA zu sich selbst".

Akzeptieren Sie, dass es nicht notwendig ist, stets überall mit Rat und Tat zur Seite zu stehen. Wenn Ihr Umfeld das Bedürfnis danach hat, ist es sicherlich so frei und kommt auf Sie zu.

Natürlich, es ist oft nicht einfach, nur zuzusehen. Schließlich sind Sie ja in irgendeiner

Form oft auch davon betroffen, wenn es lieben Menschen gerade nicht so gut geht.

Glauben Sie mir aber eines: Das größte Geschenk machen Sie allen Parteien, wenn Sie sich einfach nicht involvieren und den Dingen ihren Lauf lassen. Wird es danach gut, haben Sie mit einem bewussten „Nein" dafür gesorgt, dass dem so ist, und können sich daran erfreuen. Ist das Resultat subjektiv gesehen nicht optimal verlaufen, ist es auch gut. Wie kann das sein?

Sie hatten es in dieser Situation so entschieden und deswegen war es in diesem Moment exakt das Richtige. Zudem haben Sie den Betroffenen die Möglichkeit gegeben, alles so zu regeln, wie das Ergebnis dies ausdrückt.

Es fängt meistens dann an, problematisch zu werden, wenn Sie sich auf eine Seite stellen. Der andere Part wird sich automatisch benachteiligt fühlen und früher oder später sind Sie wieder in einer Situation, in der Sie es niemandem mehr Recht machen können. Somit würden Sie sich wieder in genau den Kreislauf begeben, aus dem Sie auch gekommen sind.
Es ist ja auch so schwierig, „Nein" zu sagen. Sorgen Sie dafür, dass dieser Satz der Ver-

gangenheit angehört und ein Stück mehr Leichtigkeit Platz in Ihrem Leben findet!

Die praktische Umsetzung

In diesem letzten Kapitel kann ich Ihnen zwar kein Patentrezept an die Hand geben, allerdings viele Puzzlestücke, die zusammen ein Buch mit den besten Zutaten für ein erfolgreiches Gelingen ergeben. Mit der „Leichtigkeit des Seins" ist es fast ein wenig wie mit dem Heiraten.

Bei den Worten „Ja, ich will" sprechen Sie ein klares Bekenntnis der Person gegenüber aus, die Sie lieben und mit der Sie Ihr ganzes Leben verbringen möchten. Auch mit der Leichtigkeit ist es sozusagen möglich, einen Bund für Ihr zukünftiges Leben einzugehen.

Oft heißt es so schön: „Gute Freunde kann niemand trennen". Sorgen Sie dafür, dass dieser unvergleichbar schöne Zustand der Leichtigkeit Ihr Freund wird. Ein ständiger Begleiter, der Sie auch in vielleicht nicht so einfachen Momenten wieder dabei unterstützt, den richtigen Weg zu finden. Wenn Sie dieses Bewusstsein haben und sich davon auch leiten lassen, kann Ihnen definitiv nichts passieren! Nehmen Sie, wann immer das Bedürfnis da ist, dieses Buch zur Hand und nutzen Sie die Möglichkeit, daraus Kraft und neue Energie zu schöpfen.

Lassen Sie sich nicht entmutigen, wenn die praktische Umsetzung in Ihr neues Leben nicht sofort oder mit der Geschwindigkeit funktioniert, die Sie gerne hätten. Verfahren Sie besser NICHT nach folgendem Prinzip: „Gott schenke mir Geduld und das am besten sofort". ☺

Dort hinzukommen ist ebenso ein Prozess, wie es einer war, sich davon zu entfernen. Wir haben einfach irgendwann aufgehört, aus dem Zustand des Urvertrauens heraus zu agieren, haben uns eher verurteilt als geliebt und in vielen Situationen unser Herz verschlossen, anstatt es zu öffnen.

Nun, da wir uns langsam dem Ende unserer gemeinsamen Reise durch dieses Buch nähern, möchte ich Ihnen gerne das „Du" anbieten. Wenn Ihr also damit einverstanden seid, werde ich die letzten Seiten mit einer noch persönlicheren Note versehen. Wenn Ihr nicht damit einverstanden seid, legt das Buch nun gerne beiseite ;-)

Ich hoffe, dass Euch all die Beispiele, die ich immer wieder mit einfließen habe lassen, in der täglichen Umsetzung helfen und unterstützen werden.

Des Weiteren habe ich versucht, jeden Themenbereich so allgemein und verständlich wie möglich zu formulieren. Für noch detailliertere oder tiefgründigere Schilderungen gibt es dementsprechende Fachliteratur, die sicherlich auch psychologische oder andere spezifische Aspekte beinhaltet.

Was aber ist in meinem Leben passiert, dass ich jetzt in der Lage bin, ein Buch über die „Leichtigkeit des Seins" zu schreiben? Rückwirkend betrachtet war das unendlich viel Wertvolles, das ich erfahren durfte. Natürlich hatte ich diese Sichtweise noch nicht immer. Ganz oft bin ich an meiner eigenen Erwartungshaltung gescheitert. Erwartungen sind etwas, wodurch nahezu alle Menschen bereits in den ersten Jahren ihrer Kindheit geprägt worden sind. Oftmals wurde uns mitgeteilt, was und wie wir es zu tun hätten.

Später haben wir das adaptiert und unsere Erwartungshaltung an Kinder, Freunde, Arbeitskollegen oder wen auch immer weitergegeben. Früher waren wir also öfter „Befehlsempfänger" und als wir uns alt genug wähnten, haben wir den Spieß einfach umgedreht... nur zwecks der Gleichberechtigung. ☺

Im Großen und Ganzen ist es meiner Meinung nach nicht sinnvoll, Dinge mit einer gewissen Erwartungshaltung zu verknüpfen. Was passiert, wenn diese nicht erfüllt wird? Wir sind enttäuscht oder frustriert, möglicherweise verstehen wir in einigen Situationen auch die Welt nicht mehr. Ebenso rufen wir dadurch stets einen Gefühlszustand in unser Leben, der alles andere als positiv und entspannt ist. In Bezug auf die Leichtigkeit entfernt Ihr Euch von diesem angestrebten Sein und investiert stattdessen unnötig Energie in etwas, das Euch nicht weiterbringt.

Viele Jahre meines Lebens waren nicht zuletzt aufgrund dieser Erwartungen geprägt von Kampf und Krampf. Diese beiden Wörter gibt es in meinem heutigen Wortschatz bzw. meiner Denkweise nicht mehr. Das liegt nicht daran, dass ich es mir verboten hätte. Sie sind einfach kein Bestandteil meines seit vielen Jahren andauernden neuen Lebens mehr.

Wenn Ihr Euch verändert, verändert sich alles um Euch herum. Und das war es, was ich damals angegangen bin. Ich habe mich für Dinge geöffnet, denen ich bis zu diesem

Zeitpunkt wenig oder keine Beachtung geschenkt habe. Für all das, was ich in diesem Buch Kapitel für Kapitel in meinen eigenen Worten wiedergegeben habe. Zugegeben, es gab in meiner damaligen Situation auch nicht wirklich eine andere Möglichkeit für mich. Ich durfte und musste diese Alternative auswählen. Aber gerade dafür bin ich dem Leben und allen Menschen, die mich bewusst oder unbewusst an diesen Punkt gebracht haben, sehr dankbar.

Wenn Ihr Euch gerade in einer Situation befinden solltet, die nicht zufriedenstellend ist, so bietet genau diese die beste Möglichkeit zur Neuausrichtung. Unzufriedenheit ist, so komisch das auch klingen mag, der perfekte Zustand, um neue Wege zu gehen. Ihr wisst ja dadurch, was Ihr zukünftig nicht mehr braucht.

Mein Tipp an dieser Stelle lautet: Macht Euch ehrliche Gedanken oder noch besser, fühlt in Euch hinein, was Ihr wirklich wollt. Wir kennen alle Sätze wie „ich verspüre den Drang, dies oder jenes zu tun".

Vom Grundprinzip her ist es unabdingbar, dass Ihr zu aller erst die Liebe zu Euch selbst wieder aufbaut bzw. intensiviert. Packt das Urvertrauen dazu und stärkt Euer Inneres durch weitere „Wohlfühlkomponenten", die einzig und allein Ihr bestimmt.

Richtet in der Folge das Handeln und Tun nach den nun neu gewonnen Erkenntnissen aus und sorgt dafür, dass noch viel mehr zurückkommt, als Ihr Euch das im Moment vorstellen könnt. Klingt das zu einfach? Mag sein, aber Ihr müsst das Rad nicht neu erfinden.

All diese Dinge funktionieren und können etwas ganz großes ins Rollen bringen. Ich kann mit Fug und Recht behaupten, dass diese Art der Neuausrichtung bei mir funktioniert hat. Und wenn das bei mir so war, warum sollte das bei Euch nicht klappen?

In der Vergangenheit habe ich auch schon oft die Frage gestellt bekommen, wie lange es denn dauern würde, bis der Zustand der Leichtigkeit erreicht sei.

Meine Antwort darauf ist auch jetzt immer noch die gleiche: Jeder Weg gestaltet sich anders und kann gar nicht zeitlich benannt werden. Außerdem würdet Ihr Euch nur unnötigen Ballast aufladen, wenn dieser Prozess mit einer zeitlichen Komponente verknüpft werden würde. Das wiederum verhält sich kontraproduktiv zu Eurem Vorhaben.

Nehmt und gebt Euch all die Zeit, die Ihr dafür benötigt. Ein altes Sprichwort besagt: „Gut Ding will Weile haben".

Ich lade Euch herzlich dazu ein, mit der für Euch passenden Geschwindigkeit den Zustand der Leichtigkeit zu erreichen. Nach einiger Zeit werdet Ihr Euch gar nicht mehr damit beschäftigen, wieviel Prozent dieser Entwicklung Ihr schon geschafft habt, oder was möglicherweise noch vor Euch liegt.

Erst im nächsten und zugleich letzten Schritt passiert etwas richtig Geniales: Ihr bewegt Euch bereits in dieser persönlichen Leichtigkeit und stellt das einfach irgendwann fest. Darauf könnt Ihr Euch jetzt schon freuen, das wird wirklich ein magischer Moment. ☺

Apropos Magie: Um die „Leichtigkeit des Seins" zu erlangen, bedarf es keiner besonderen Künste. Alles, was Ihr dafür braucht, tragt Ihr bereits von Geburt an in Euch und seid daher mit dem notwendigen Rüstzeug ausgestattet. Es geht „nur" darum, diese Fähigkeiten zu entstauben bzw. neu zu aktivieren.

Das könnt Ihr auch guten Gewissens tun, schließlich hatte dieses Potenzial jetzt lange genug Zeit, um vor sich hinzuschlummern...

Wir leben in einer Zeit der Veränderung. Ihr habt nun die Möglichkeit, davon zu profitieren. Seid offen für neue Wege und begegnet Menschen, die ebenso wie Ihr dem Leben eine neue Richtung geben wollen. Dabei sollte es Euch auch egal sein, ob andere den persönlichen Wandel nachvollziehen können.

Ihr könnt darauf vertrauen, dass der von Euch neu eingeschlagene Weg von all jenen Personen begleitet werden wird, die Wohlfühlen und Weiterentwicklung garantieren.

Dafür wünsche ich Euch abschließend Vertrauen, Liebe und positive Energie!

Danksagung

Ich möchte mich von Herzen bei allen Menschen bedanken, die mich und meinen Lebensweg bisher begleitet haben oder das immer noch tun. Nur dadurch war es mir möglich, all die wertvollen Erfahrungen zu sammeln. Sie haben mich zu dem gemacht, was und wer ich heute bin, und darauf blicke ich mit Stolz.

Ich danke auch Euch, liebe Leserinnen und Leser, dass Ihr diesen für Euch ersten Schritt mit mir gemacht habt, und wünsche maximalen Erfolg bei der Umsetzung auf dem persönlichen Weg hin zur Leichtigkeit.

Auch möchte ich an dieser Stelle mir selbst danken. Zum einen, dass ich mich dazu entschieden habe, den Weg in die „Leichtigkeit des Seins" zu gehen. Zum anderen dafür, dass daraus nun voller Urvertrauen und Liebe dieses Buch entstanden ist. Vergesst nicht, Euch immer wieder selbst dafür zu beglückwünschen, was ihr bisher erreicht und vom Leben geschenkt bekommen habt. Ihr wisst ja, das hat nichts mit Egoismus zu tun, sondern einzig und allein damit, dass Ihr Euch wertschätzt. Spätestens jetzt ist für

Euch der richtige Zeitpunkt gekommen, um das bisher Geschehene Revue passieren zu lassen.

Ich bin mir sicher, dass Ihr nun rückwirkend viele Bestandteile Eures Lebens als positiv erachten könnt. Abschließend wünsche ich uns allen eine Zukunft voller Leichtigkeit und reich an Freude.

Vielen Dank für diese gemeinsame Reise!